I0758951

FEMINISMOS DEL SUR

Mariana Alvarado

(editora)

Feminismos del Sur

Recorridos / Itinerarios / Junturas

Alvarado, Mariana
    Feminismos del sur: recorridos, itinerarios, junturas / Mariana Alvarado.
-1a ed.- Ciudad Autónoma de Buenos Aires: Prometeo Libros, 2020. 190
p.; 22 x 16 cm.

    1. Feminismo. 2. Estudios de Género. 3. Estudios Culturales. I. Título.
CDD 305.42

© De esta edición, Prometeo Libros, 2020
Pringles 521 (C11183AEJ), Buenos Aires, Argentina
Tel.: (54-11)4862-6794 / Fax: (54-11)4864-3297
editorial@treintadiez.com
www.prometeoeditorial.com

Diseño: R&S
Armado: María Victoria Ramírez
Corrección de galeras: Paula Amartino

Hecho el depósito que marca la Ley 11.723.
Prohibida su reproducción total o parcial.
Derechos reservados.

Índice

Presentación

Este texto colectivo ha sido construido entre el enunciado y la enunciación, entre lo comentado y el comentario, la referencia y la cita, entre la muestra y lo demostrado, entre la experiencia y lo que la dice, entre lo que modulamos y la palabra que nos (des)nombra. Como tal, describe varias prácticas de escrituras. No pudo ser definido previamente; siquiera anticipado. A sabiendas de la trayectoria, no pudo marcar sus itinerarios o recorridos sino una vez allí, en el territorio. Por eso, tal vez, quizás, es que nos hemos hecho texto, más que el resultado de un trabajo, lo que provocamos al leer es camino, es experiencia.

Aún antes de ingresar a la materialidad del texto nos sentimos precarias e irreparables, frágiles, rompibles, finitas en cada configuración fonética, en las compaginaciones, los alineamientos, en los espacios entre palabras, en las extensas notas al pie en las que nos apoyamos con las puntas de los dedos para impulsarnos a salir a tomar una bocanada de aire y respirar. Tranquilas, ya estamos aquí: una junta a la otra en las asociaciones, en los anuncios, en los sobrantes del verso, en los blancos del papel. Ya estamos aquí: a veces al trote, a veces a hurtadillas, con los ojos abiertos, a veces descalzas como si recién tocáramos la tierra, en la sutileza de apoyar(nos) aún a sabiendas que dolerá por más pequeña que sea la piedra. Ya estamos aquí: desnudas en el tejido vivo de la escritura hurtándole tiempo al silencio. El texto se abre en la cadencia de los afectos, en el discurrir de los deseos, el fluir de los habitares que hace la entrega de la palabra que sobrevive en cada apartado.

Como experiencia orgánica supone huecos por donde se cuelan las voces de lo que no fue dicho, de lo tachado, de lo que creímos (in)vivible, de un olvido obligado, en el pleonasmo. Supone también fisuras en las que aparecen las preguntas de nuestras primeras lectoras, capaces de intervenir la trama textual y desplazarnos para correrse con nosotras en ese movimiento y reformular, transformar, reescribir, significar, pensar en conversación.

Así, el texto, este texto, en cuanto práctica, es plural por la pluralidad de sentidos que inaugura, no es coexistencia sino paso, travesía, no depende de interpretaciones sino más bien de diseminaciones. Una praxis de escrituras a horcajadas de una praxis de lecturas que (se/nos) intervienen. Por eso no es antes que nada sino después y, sobre todo, en el mientras tanto. No es prólogo sino vestíbulo. Es palabras, es memorias, es dolores, es encuentros, es movimiento, es cuerpos, es en vincularidad.

Una experiencia que más que ser consumida ha de ser actuada tal y como se toca una partitura. Este cuerpo ha de ser ejecutado, actuado. Nos armamos en una trayectoria que es el cuerpo que compone este texto, claro, el armado se configura entre los itinerarios, los recorridos, las articulaciones y las junturas; la/s, le/s, lo/s lectores actuarán la diferencia, trazarán su huella, (des)marcarán incidentes, se perderán, saldrán a la búsqueda, (des)orientad*s escribirán al margen, levantarán la vista y mudarán. Actuar la diferencia tiene que ver con acortar las distancias y dilatar los tiempos entre la escritura y la lectura en desde lo que me/nos pasa. Así, nuestra escritura no ha terminado sino que opera en los cuerpos que la habitan y la corporizan. Leer no es consumir sino jugar, actuar, ejecutar ahora, aquí con nosotras; y, como en todo juego se corre el riesgo de descalzarse y chapotear en el barro, querer ser la más fuerte, de llegar última sin que nadie lo advierta, de saltar harto, de tropezar otra vez, de ir-nos expulsadas. Este texto, nuestro cuerpo, precisa de ustedes para ejecutarnos. Actuar(nos) requiere de la colaboración práctica para ponerlo en marcha, para que opere.

Armado de escrituras, múltiples narrativas y testimonios heterogéneos, procedentes de experiencias diversas del activismo y de la academia, pero también de un activismo-académico, este cuerpo contestatario convoca esa dispersión, tensionando las cuerdas de las historias de mujeres, anudando devenires, memorias, biografías, en un destino que ha dejado de ser personal. En el texto todas las huellas que constituyen las marcas, las heridas, (d)el cuerpo han tenido un uso práctico-teórico para nuestras luchas.

En estos diálogos/relatos/narrativas/testimonios buscamos identificar e interpretar las significaciones que adquiere allí la experiencia vivida/relatada en relación a las tensiones entre praxis y teoría, activismo y academia, saberes y conocimiento; habida cuenta de sus condiciones de enunciabilidad y de sus posibilidades de visibilidad, decibilidad y audibilidad. Dicho análisis se nutre de un complejo entramado de categorías vinculadas a un nudo problemático que implica las relaciones entre lenguaje, experiencia y sexuación. Un cuerpo en situación, un texto armado desde la materialidad.

En esta tensión entre el orden de lo real y el del discurso se tejen experiencias políticas, experiencias de mujeres, académicas, migrantes, lesbianas, activistas, pensadoras, indígenas, trabajadoras, intelectuales, militantes, en silencio, a la escucha, condicionadas. Vamos y venimos. Nos detenemos. Giramos en torno. Merodeamos. Nos escondemos. Intervenimos el cuerpo. Nos interrumpimos. Atravesamos el texto en su pluralidad. Este cuerpo es un entre-cuerpos. Este texto es un entre-textos. En palabras de Julia Kristeva un "texto-fuera-del-texto-presente". Remite(n), evoca(n), resuena(n) en/hacia otr*/s.

Las herramientas metodológicas y categorías de análisis provenientes de la teoría feminista que aluden a las paradojas del decir de las mujeres nos permitieron explorar las formas ambiguas, sortear ausencias, enfrentar la neutralidad, evocar experiencias que atraviesan el plano simbólico del lenguaje. En lo referido a la sexuación, autoras como Patrizia Violi (1991) defienden la tesis de que las mujeres hablan y escriben un lenguaje "extranjero", que les niega el estatuto de sujeto, pues hablan al interior de un código excluyente de una articulación lingüística femenina, pues nombra a los humanos como entidades abstractas desprovistas de sus determinaciones físicas- psíquicas, del peso de su historia y sus experiencias. En tal sentido, las mujeres no han podido nombrar sus experiencias como tales desde un lenguaje colonizador y patriarcal, sino que para nombrar lo propio más bien han debido "decir de otro modo".

Las experiencias desde los feminismos del sur pueden dar lugar al comentario, una interpretación, ensayar una idea, fabular, relatar, un cuento; antes o después narrativos; en cualquier caso un ingreso a la vida que (des)nombra, afecta y trama una "a" para humano, humana (Lagarde, 2012). Este cuerpo, este texto situado y en contexto, esta práctica-teórica tiene un correlato epistemológico configurado de modo diferente, quizás más político, tal vez más crítico, del modo en el que los saberes se desarrollan, se configuran, operan y circulan en la academia. Si la falta de articulación de las voces de mujeres de Latinoamérica y del Caribe ha propiciado el silenciamiento de sus pensares, decires, sentires, quehaceres; estas (in)articulaciones pueden ser concebidas ya no como testimonios del activismo sino como experiencias de pensares en conversación que precisan de otros géneros y registros para modularse.

Los testimonios feministas que relatan experiencias y hacen cuerpo en este texto orgánico exhiben los tensos vínculos entre lo subjetivo y lo colectivo configurados en trayectorias vitales en las que ser activista/ académica y al mismo tiempo militante/intelectual/pensadora se redefinen mostrando la dialéctica existente entre cada una, entre nosotras, y nuestra temporalidad como lo "vivido dramáticamente" (Ferraroti) por una sujeto, por un humana, en un terreno no elegido, históricamente marcado, como lo que me pasa a mí ahora acá, como lo que me pasa a mí, nos pasa a todas. En los espacios fronterizos de las disciplinas y de los géneros, los feminismos del sur transgreden límites para una crítica urgente a los modelos instituidos, como recorridos abismados entre academia y activismo, como itinerarios desobedientes entre narrativas y experiencias haciendo junturas descoloniales y articulaciones latinoamericanas.

Quizás por ello se advierta en este texto una serie de gestos recurrentes: la recuperación de la experiencia, que es propia y compartida; las historias narradas como historias íntimas y "de todas" en redes sororas; la búsqueda de las huellas de nuestras genealogías; los registros que se articulan polifónicamente con lo dicho por otras/nosotr*s: sus voces, jirones de vivencias, saberes, memorias. Es posible para nosotras distinguir el discurso hegemónico de otras narrativas, móviles, precarias, factibles de cambio. Textos-cuerpos comprometidos en pensares, decires, que-haceres y sentires diferentes, rebeldes, incrédulos, disidentes, inconformes con la historia de los deberes, los cánones, las formas, las obligaciones, los roles e imposiciones del patriarcado, la heteronormatividad y el capitalismo, también del sistema y la clase académica, de la ciencia que hemos aprendido, logofalocéntrica y norteurocentrada. Textos-cuerpos que pronuncian, que denuncian, que no callan, que batallan.

El texto que sigue se trama en situación, en complicidad, en proximidad y en cercanía. Se escribe desde las experiencias, propias, de otras, de muchas, de demasiadas. Experiencias comunitarias, sociales, políticas, encarnadas, dolorosas, marcadas en la piel, en la garganta, en los ojos. Narramos en primera persona singular, desde los inicios de su expresividad y, en el plural de la convicción de que es desde la experiencia situada que se puede cambiar la situación de la experiencia y traducir en conocimiento lo que pensamos en conversación.

Hay en este texto que presentamos algo del orden de lo que no ha sido dicho que intenta los caminos del lenguaje, que insiste y cruza umbrales; no sólo para arrebatarle lo vivido/sentido/actuado al silencio, sino porque ello implica batallar en el sinuoso territorio de la política, de una historia y una cultura hegemónicas que han borrado nuestras herencias matriarcales, de un lenguaje que encorseta y que nos arroja desnudas retaceándonos el derecho a vestir nuestras palabras con ambivalencias, contradicciones y ambigüedades. Se trata de experiencias que exhiben los tensos vínculos entre lo subjetivo y lo colectivo configurados en recorridos, itinerarios y junturas vitales de los feminismos del sur.

Mariana, Natalia, Valeria, Fabiana
Mendoza, julio de 2019

RECORRIDOS ABISMADOS ENTRE ACADEMIA Y ACTIVISMOS DE LOS FEMINISMOS DEL SUR

Epistemologías feministas: conversaciones (in)interrumpidas

Mariana Alvarado, Natalia Fischetti y Valeria Fernández Hasan

Este escrito surge de la desgrabación de una conversación que tuvo lugar de modos diversos y en distintos tiempos: como guión para una conversación (im)posible, como encuentro dialógico entre tres bocas de académicas feministas activistas latinoamericanas, como escucha atenta a lo dicho por otras, como edición y re-edición, como materiales para clases del seminario Feminismos del Sur: experiencias, narrativas y activismos, diseñado para la Cátedra Estudios sobre Movimientos y Luchas populares de CLACSO en el año 2017. Asumimos en la conversación las voces de Ana María Bach, Alejandra Ciriza, Francesca Gargallo, Silvia Rivera Cusicanqui, Tania Pérez Bustos, Diana Maffía, Gloria Anzaldúa, María Lugones y Yuderkys Espinosa Miñoso, entre otras, en articulación con los supuestos epistemológicos y las claves metodológicas devenidas como punto de vista, conocimiento situado y en contexto, objetividad fuerte y las experiencias de mujeres desde la desobediencia epistémica. Estas operaciones analíticas y críticas hicieron lugar a las interpelaciones y tensiones que emergen en la conversación a propósito de la producción, tránsito, circulación y tráfico de pensares, haceres y afecciones en América Latina y el Caribe como epistemologías feministas.

Intentar que esta práctica de producción discursiva abra formas alternativas de gestación de conocimiento interrumpe las modalidades convencionales de difusión y publicación de saberes críticos y nos desafía a lecturas *otras* desde disciplinas que preguntan con diversas miradas sobre el mundo pero que se cruzan, intersectan, interrumpen, se tocan y se afectan.

Estructuramos el texto en tres entradas o momentos que ponen en cuestión la producción de conocimiento en la academia, sus formas estancas de hacerlo, las tradiciones disciplinares, los sistemas de ciencia y técnica y sus instituciones.

Al comienzo realizamos una crítica a la circulación y traducción de disciplinas en nuestra Región, lo que hemos llamado "recepción en América Latina" y desde allí presentamos el nudo de la discusión del trabajo: la epistemología feminista latinoamericana y del Caribe. A continuación nos detenemos en el problema de las prácticas escriturales y el asunto de la sexuación y sus huellas en la escritura, los textos y la producción de conocimiento. Inmediatamente, aparecen ahí los debates asociados al estatus del conocimiento científico y a los bordes borrosos entre academia y activismo feminista. Cerramos el apartado con intercambios acerca de la epistemología feminista poniendo en cuestión sus diferentes miradas y permitiendo acercamientos y distancias con las autoras tomadas como referentes: Sandra Harding y Donna Haraway. Finalmente, centramos la discusión en la posibilidad de una epistemología feminista latinoamericana donde la categoría experiencia adquiere un rol fundamental para la puesta en cuestión de las formas de producción del conocimiento válido.

Mariana: Parecería que la epistemología feminista no tiene lugar entre nosotras, aquí, en el Sur. En verdad, cada vez que nos acercamos a algún texto hecho por una feminista que se define a sí misma como tal hay que reparar en ciertos posicionamientos -ver desde dónde nos adscribimos cuando escribimos, cuál es nuestra posición de sujeta y en qué medida eso está dicho o queremos decirlo-, entonces, digo, sí hay claves epistémicas aunque, efectivamente, no se estén trabajando cuestiones epistemológicas como objeto. Esto tiene que ver con lo que vamos a buscar al texto y con lo que nos encontramos. Si bien el texto no presenta una problemática epistémica, sin embargo, se pueden hacer esas lecturas. Entonces, me parece que la dimensión epistémica nos está convocando como problema para nosotras. Pienso en el valor que podría tener la dimensión epistémico-metodológica en las postulaciones para becas o en los proyectos de investigación, pienso en el lugar que los evaluadores y evaluadoras les damos a esas dimensiones al momento de considerar su viabilidad, su originalidad, su pertinencia.

Valeria: ¿Cómo hace alguna de nosotras para saber que en determinada búsqueda el recorte de autoras, escritoras, pensadoras ha sido exhaustivo para llegar a afirmar que de todo lo conocido no cabe hablar de una epistemología feminista?

Natalia: Es que, en muchos casos, no hay un posicionamiento epistemológico claro ni explícito.

Valeria: Escribimos. Lo hago habitualmente. En algunos casos pueden ser considerados mis escritos epistemológicos desde la comunicación y el género y, sin embargo, mi producción no ha sido tenida en cuenta al momento de nombrar el campo. Sí hay textos, sí existe la preocupación. El problema es que no se enuncia el recorte cuando se hacen ciertas exploraciones con lo cual las exclusiones terminan silenciando, invisibilizando. Nos desconocemos entre nosotras.

Natalia: Sucede que al momento de abordar el campo caemos en las mismas lecturas, tenemos que vérnoslas con los textos que circulan.

Mariana: Vos lo decís, "con los textos que circulan"; agregaría con los que nos llegan, traducidos, además. Asistimos a una cultura de la recepción. Cierta dimensión de las teorías feministas y específicamente de lo que consideramos como epistemologías feministas latinoamericanas tiene una especificidad por las problemáticas a la que refiere y, sin embargo, está diluida. Allí hay un campo que no está delimitado y que no sé si es posible delimitar, si no es posible verlo todo ni saberlo todo.

Natalia: Es un campo delimitado por su especificidad aunque no está institucionalizado en Latinoamérica ni como teorías feministas ni como epistemología feminista.

Valeria: Si no podés verlo todo, tenés que dar cuenta de esa imposibilidad y asumirla como obstáculo epistemológico.

Mariana: Ese es un posicionamiento epistemológico.

Natalia: Eso mismo, es un campo que no está institucionalizado, que es impuro.

Mariana: Justamente ese es el problema. ¿Qué nombramos como epistemología feminista? ¿Qué está en discusión cuando aludimos a epistemologías feministas latinoamericanas? Algunas dicen que tiene que ver con un punto de vista. Ese punto de vista delimita una epistemología feminista. Pero no hay un único punto de vista como no cabe una única epistemología feminista. Otras señalan que tiene que ver con ciertas *metódicas*, con ciertos caminos; otras entienden que es el objeto lo que define si determinada producción teórica responde al campo feminista o queda por fuera de la dimensión epistémica. El campo está diluido o no está marcado porque hay distintas miradas sobre ese campo que se define a partir del método, de la perspectiva, con la construcción del objeto, con las técnicas... para algunas no puede escindirse del activismo. Si la teoría no se concibe como una práctica-teórica que te lleva a mover el cuerpo y a intervenir para transformar no podría denominarse feminista.

Natalia: Una cosa sería ver nosotras en el marco de la teoría feminista (definida por fuera de nosotras, ya constituida) cuáles son las posiciones de las mujeres que escriben para visibilizar de qué feminismo se trata.... ahí habría una pregunta, un camino de indagación. Otra pregunta es por el campo de la epistemología feminista que no es el campo de la teoría feminista en general. Es un campo específicamente delimitado en el Norte y, que en el Sur no hemos bordeado. Tomamos voces venidas de otros lares como Sandra Harding (1996), Donna Haraway (1985) y Evelyn Fox Keller (1991 y 2000) las tres norteamericanas.

Valeria: No es que no hayamos bordeado la epistemología feminista en el Sur. Tenemos una Ana María Bach (2010), por ejemplo. Recuerdo que durante las II Jornadas CINIG de Estudios de Género y Feminismos hice la explicitación del lugar desde donde partía para pensar. Ahí retomé a Sandra Harding (1996). En ese momento alguien del público intervino para consultar(me) por qué no tomaba a Patricia Hills Collins (2000) que era la que había originado el punto de vista... Patricia es una negra, aunque también es del Norte. ¿Cuáles son los lugares realmente subyugados?

Mariana: Una intervención del público que te lleva a revisar el lugar desde dónde. ¿A qué responde? Me parece que tiene que ver con el canon, con la circulación de saberes, con lo que entendemos por teoría, por las formas en las que (des)legitimamos nuestras voces. Es lo que señala Alejandra Ciriza (2016) respecto a pensar no sólo acerca del tráfico de saberes sino también del tráfico de cuerpos. Las mujeres de América Latina viajan al Norte y se ocupan de las tareas de limpieza y cuidado mientras las feministas del Norte escriben para que nosotras reproduzcamos a partir de las pocas traducciones que nos llegan. Prácticas de recepción, traducción y circulación legitimadas a partir de un canon institucionalizado desde las prácticas académicas. Un canon cerrado que no permite meter otras voces.

Natalia: Tenemos entonces un triple problema. Por un lado, el feminismo; por otro lado, el de ser latinoamericanas y además leer en clave euro-nortecentrada arraigada en nuestras instituciones educativas. Parece que no podemos saltar ni un sólo escalón. Como mostramos en nuestro artículo "Inscripciones Feministas. Notas críticas sobre la (re)producción del conocimiento" (Fischetti y Alvarado, 2015), hay que conjurar la filosofía para empezar a pensar desde lo latinoamericano y, desde ahí, señalar la ausencia de las mujeres en un pensamiento producido desde nuestras coordenadas geopolíticas. En un pensamiento que se supone crítico del pensamiento norteurocentrado sigue operando el logofalocentrismo.

Mariana: Sin embargo, asumimos que hay circuitos de circulación y reconocimiento de otras voces. ¿Dónde se dan esos circuitos? Porque si, efectivamente, un canon se institucionaliza no sólo por quienes leen determinados textos sino también por quienes los hacen circular, por quienes abren caminos de indagación en torno a ciertos temas, autores, textos; por quienes enseñan esas teorías en las universidades... entonces, ¿cuáles serían los espacios, las alianzas, los circuitos de reconocimiento de quienes no forman parte de las instituciones que canonizan lo que puede ser enseñado y qué lugar tendría ese canon por fuera de la academia?

Natalia: Me parece que hay puertas que se están abriendo. En estos tiempos parece que es académicamente correcto hablar de pensamiento latinoamericano y también de feminismo. Es un recorrido que estamos haciendo muchas.

Valeria: De hace quince años a esta parte se han ido introduciendo voces que no estaban visibilizadas. Un primer paso lo hacen Sandra Harding (1996) y Donna Haraway (1985) en sus textos.

Mariana: Este circuito de (des)canonización implica tener que vérselas con tradiciones, legados y herencias. Un trabajo de revisión crítica que nos ha permitido ver las formas en las que el patriarcado ha dejado afuera ciertas voces por misóginas y racistas. Hecha la denuncia. La pretensión es hacer espacio a esas voces a fuerza de ocupar un espacio que insiste en no querernos ahí. Del mismo modo en el que se institucionalizaron las voces que nos guardaron en el silencio apelamos al mismo circuito para decir algo dentro de la institución logofalocentrada. Aun así, pareciera necesario y urgente ingresar.

Valeria: Algunas voces, las que están afuera, logran ingresar a veces. Ingresa Yuderkys Espinosa Miñoso (2014), ingresa Silvia Rivera (2010). Entran y salen.

Mariana: En ese movimiento interrumpen.

Natalia: Entran y salen, interrumpen y rompen. Como Rivera Cusicanqui. Es una voz que, a favor o en contra, se hizo audible. La gente la conoce. La hemos leído. Es una mujer que ha logrado ingresar.

Mariana: Entran, interrumpen y no se quedan. En todo caso provocan, interpelan e incomodan. Intervienen y deconstruyen. No permanecen. Recuerdo a Silvia cuando estuvo entre nosotras en el CCT-Mendoza en el Coloquio de Pensamiento Crítico hacia el 2015. La Sala Latinoamericana estaba colmada de gente. No la había visto nunca arrebatada.

Natalia: Sí, lo explicité en el artículo que salió en el dossier *Epistemologías feministas latinoamericanas* en la Revista Solar. Allí relato el momento momento incómodo para todxs en el que ella dijo algo así como "´hay un tiempo para cada cosa, hay un tiempo para hablar con los muertos. Yo hablo con mis calaveras, en el altar de mi casa, todos los jueves´ y todo el auditorio rió con cierto nerviosismo. Se hizo un silencio profundo y ella, notoriamente incómoda, aludió a ese agravio a su persona. Ignorancia y epistemicidio cultural de parte de la academia. Nada nuevo pero igual sentí mucha vergüenza" (Fischetti, 2017).

Mariana: Múltiples epistemicidios, también por ser mujer.

Natalia: Es de algún modo cotidiano para nosotras. En los grupos a los que pertenecemos, en los proyectos de investigación en los que partici-pamos sucede.... hace diez años que formo parte de un proyecto sobre humanismo latinoamericano crítico que incorpora la perspectiva de la Escuela de Frankfurt, con una mirada crítica y situada y, en general, no aparecían hasta hace poco pensadoras, mujeres. ¿El humanismo no in-cluye los feminismos?

Valeria: Son procesos individuales y/o colectivos. A veces te pasa en soledad y, a veces, estás acompañada. En otros grupos, cuando hemos armado cursos de posgrado, aun siendo críticas y feministas, nos ha pa-sado de conformar una selección de textos como bibliografía obligatoria y no haber reparado en las pensadoras que estamos trabajando ahora, nuestras feministas, y que son motivo de esta conversación. Nosotras no nos citamos entre nosotras. Mi trayectoria me permitió acercarme a ellas a partir de las Olas, tal como las revisamos en la segunda clase del Seminario de CLACSO sobre Feminismos del Sur que dictamos en 2017. Criticar las Olas ha llevado un proceso de diez años. Pensar desde un feminismo latinoamericano nos ha llevado una década, un proceso lento y de resquebrajamiento.

Natalia: Es incipiente. Es reciente.

Mariana: Nuestras contemporáneas aluden a las experiencias de las afroamericanas, lesbianas y pobres, de indígenas y migrantes para pensar en clave descolonial y poscolonial. Pero de la historia que nos narraron podemos articular otras formas de decirnos a coro lo que no ha sido incluido en cada período augurando otros inicios, caminos y clivajes. Puesto que del mismo modo en que no todas somos iguales y, cuando decimos mujer no nombramos a todas, las Olas no son homogéneas ni se han levantado o eclipsado en todas partes del mismo modo.

Valeria: De hecho, en nuestros países las experiencias han sido diferentes. Quiero decir, no sólo con respecto a Francia, Inglaterra o EEUU sino entre nuestras mismas historias de países latinoamericanos. Por ejemplo, la Segunda Ola en Argentina, alrededor de los años '80, unos diez años más tarde que en Europa, trajo aparejado no solamente un interés por los derechos sexuales, "la píldora" y el acceso a las universidades por parte de un número creciente de mujeres sino que vino de la mano de lo que se llamó "cultura de catacumbas" durante la dictadura militar y ya con la apertura democrática, a partir de 1983, con todo un abanico de derechos que se abrieron para las argentinas. En cambio, la situación para las chilenas fue radicalmente diferente. Ellas tuvieron un gobierno de facto hasta 1989. Las condiciones materiales de existencia eran sustantivamente distintas.

Natalia: De algún modo, estas advertencias en las que hemos caído impactan en nuestros procesos de investigación. Algunas mujeres como Breny Mendoza (2010), la misma Rivera Cusicanqui tienen el tupé de interrumpir alguna construcción androcentrada.

Mariana: En todo caso, se trata de las interpelaciones de los feminismos latinoamericanos a las teorías poscoloniales y a los estudios subalternos.

Natalia: Pero también dentro del pensamiento latinoamericano. Pienso en las interrupciones de Francesca Gargallo (2004) hacia Horacio Cerutti Gulberg y al mismo Arturo Andrés Roig.

Mariana: Tal vez pensar el método científico, lo que entendemos por ciencia, nos permita entender "este estar fuera". Referirnos a la universalidad, a la objetividad, a la neutralidad, a la descorporización del proceso de investigación implica acaso una ciencia sesgada sostenida en la ceguera epistemológica.

Natalia: No sólo se trata de incluir a mujeres pensadoras que escriben desde ellas y para nosotras. Asumiendo que sea posible romper el canon y proponer otro, se trata, efectivamente, de intervenir los procesos de enseñanza y las prácticas concretas de investigación. ¿Romper el modelo de ciencia implica incluir a pensadoras e institucionalizarlas en la misma lógica?

Valeria: Eso lleva mucho tiempo. Si tenemos en cuenta los aportes de Immanuel Wallerstein con su "Abrir las Ciencias Sociales" con el "Informe de la Comisión Gulbenkian para la reestructuración de las ciencias sociales", en 2007, pero ¿quién lo tomó? Las mujeres y sólo algunas.

Mariana: En lo que venimos desanudando, venimos diciendo que hay un canon o una construcción institucionalizada que se rompe desde los márgenes con intervenciones concretas. Mujeres como Yuderkys, Cusicanqui, Gargallo, Lugones (2008), intervienen en las instituciones, ingresan en las academias, interrumpen un tiempo, un espacio, un orden. Efectivamente, la sujeto ingresa, monta la escena, habla, algunas escuchamos, otros escuchan lo que pueden. Esta interrupción no puede quedar allí. Requiere de parte de nosotras, de las académicas diría, reconocimiento y legitimación. De otro modo la participación de Rivera Cusicanqui en el Coloquio de Pensamiento Crítico aparece como una anécdota y, sin embargo, puede articularse como práctica teórica; eso depende de nosotras y de lo que hacemos adentro. Ella salió. No se queda. No quiere permanecer. Y, en el estar, hay un compromiso intelectual que es diferente al que pueda asumir ella. Nuestro compromiso tiene que ver con la urgencia de autorizar epistémicamente esas interrupciones. Este compromiso exige de nosotras cierto corrimiento. Para sostener esta conversación y asumir que esta experiencia es productora de conocimiento tuvimos que efectuar varios corrimientos epistémicos que estamos intentando legitimar desde claves que no nos vienen desde el método cartesiano.

Natalia: El tema del "cuerpo", como el "amor", anudan a otras nociones que podrían sujetarnos a formas convencionales del pensar. Es posible hablar del cuerpo como se habla de la mente. Incorporar categorías como la de cuerpo que podría ser disruptiva con los temas que se han dado a pensar así como incorporar a las mujeres para hablar de ciencia no significa romper con el modelo de ciencia ni mucho menos romper con el modelo cognitivo con el que se lo ha pensado. Con lo cual entendemos que ciertas nociones pueden ser disruptivas de los objetos tradicionales pero que no lo logran puesto que la forma en la que son pensadas no nos permite pensar de otro modo.

Mariana: Es que si para hablar de ciencia nos vamos a Descartes o para hablar de filosofía institucionalizada en la Argentina lo referencias a Francisco Romero (Alvarado, 2014) partís de una elección euro-norte-centrada y/o latinoamericana aunque ambas construcciones obliteran el conocimiento vulgar, el sentido común, la experiencia, la opinión como formas de saber, clasificando, jerarquizando y desvalorizando estas formas de conocimiento. Desde ese constructo se deslegitiman otras formas de conocimiento, legitimando como científico sólo lo producido por determinados caminos en determinadas instituciones y por determinados cuerpos. Una ciencia sesgada, una mala ciencia. En este contexto, asumiendo que sea el hegemónico, se anuncia que Yuderkys visita nuestra Facultad... preguntaría... ¿es en ese lugar donde urge que hable?, ¿quiénes se disponen a escucharla?, ¿por qué ella estaría interesada en ingresar a la academia?, ¿quiénes se dejan interpelar para entablar un diálogo?, ¿por qué ella tendría que acceder a conversar con quienes en principio desvalorizarían su producción?

Valeria: Estimo que seríamos algunas. Las corridas (risas).

Natalia: Retomo el problema para reformularlo... ¿basta con introducir mujeres a la academia para romper los modos de producir conocimiento? Esto sería un feminismo empírico.

Valeria: Eso rompe, en algún modo. De hecho, luego de leerlas, hemos escrito de otros modos. Y, lo que es fundamental, su sola presencia ha implicado la introducción de temas y problemas que no aparecían dentro de lo importante, lo debatible, lo considerado de interés público.

Mariana: Escribir de otro modo ha sido un efecto de ciertas prácticas de lectura que nos han llevado a producir de otro modo. Producimos desde otro lugar. Asumimos que estamos corridas y no cabe para nosotras seguir ciertos formatos. A menos que estemos dispuestas a travestirnos para escribir.... (risas). ¿Será aún necesario? (risas) O pregunto de otro modo, este corrimiento implica asumir que entre las producciones discursivas no hay jerarquía....

Natalia: Pues, a mí me pasa que he operado una inversión y aquellos que siguen el método científico duro han quedado en un escalón abajo. El conocimiento científico hegemónico está por debajo de otros saberes en muchas situaciones.

Mariana: Si asumimos que el conocimiento científico no está a la escucha de ciertas voces y, no sólo eso, sino que las silencia puesto que desde sus fundamentos no hay espacio para ciertos tipos de conocimientos, para nuestros saberes....

Valeria: Para mí son igualmente válidos que otros saberes. Tienen el mismo valor el saber ancestral, las cosmovisiones, los testimonios de vida, las narraciones de experiencia que el método científico tradicional.

Natalia: Es problemática esa posición. ¿Tienen el mismo lugar que el conocimiento religioso?

Valeria: Ah no.... yo no lo incluí – risas-

Natalia: Ya lo decía Paul Feyerabend: la ciencia es la religión de nuestro tiempo porque detenta hoy el poder que la iglesia tenía en Europa en la Edad media. La ciencia no es sólo un conocimiento más.

Mariana: Porque obnubila.

Natalia: Obnubila y acapara todo otro saber imponiéndose como único.

Valeria: Lo que digo es que en el modo en el que configuro mis procesos de construcción de conocimiento, el científico tiene un valor como cualquier otro saber.

Natalia: Por tanto es cuestionable como cualquier otro, el religioso incluso. Sin embargo, en la academia, nosotras desde la filosofía cada vez que hacemos presentaciones forzamos el ítem metodológico para que quepa en los estándares de conocimiento científico, que sigue siendo positivista por reduccionista.

Valeria: Nosotras respecto de un sociólogo duro, tenemos una distancia enorme en cuanto a métodos.

Natalia: ¿¿Y de un filósofo duro (risas)?? ... ¡¡de un analítico (risas)!!

Valeria: Efectivamente son muchas las distancias.

Mariana: Nombrémoslas.

Natalia: Una respecto de lo que es la filosofía.

Mariana: O lo que entendemos por filosofía.

Natalia: Si, el campo de la filosofía occidental, filosofía latinoamericana.

Valeria: De un modelo de ciencia que ha querido imponerse como "la" ciencia.

Natalia: Hace tiempo que me pregunto cómo sostenernos en la academia desde el margen sin caernos.

Mariana: Ya corridas, ya distanciadas, con algunas opciones epistemológicas asumidas y queridas, insistiendo en desarticular el archivo latinoamericano, interviniendo para interrumpir los monólogos androcentrados ¿insistimos en estar en la academia?, ¿masoquistas institucionalizadas? (risas), ¡casi un feminismo punk! (risas).

Natalia: A mí en algún punto ya no me interesa, ese es mi problema. Así como algunas están muy aferradas a sus lugares de pertenencia académica y esperan ser reconocidas por esas adscripciones, a otras no nos ocupan ciertas formas de visibilización.

Valeria: Quiero leer, escribir y cocinar.

Mariana: Es que ahí hay una contradicción que tenemos que nombrar. Si efectivamente hemos sido durante tiempo silenciadas, al momento de ser nombrada, quiero que sea con el nombre con el que me autorrefiero. No todas nos nombramos como feministas. Para algunas no basta con ser feminista, es preciso señalar otros nudos, feminista radical, feminista de la diferencia, feminista comunitaria, lesbofeminista, transfeminista. Para otras, ninguna de estas pertenencias tienen sentido si no son antirracistas porque de no adscribir son racistas aunque dicen ser feministas. El lugar de pertenencia desde donde se formulan estas construcciones teóricas y políticas son además adscripciones de clase. Anunciarnos como investigadoras o docentes no es lo mismo y tampoco es lo mismo si se trata de universidades privadas o públicas o si tu lugar en la carrera de investigador científico es el de asistente o el de principal[1].

Natalia: Es una delgada línea entre lo que propone pensar Mariana y las lógicas que dan lugar a reproducir jerarquías entre nosotras. Si el

[1] La CIC (carrera del investigador científico) en el CONICET (Consejo Nacional de Investigaciones Científicas y Técnicas) de Argentina está estructurada en base a un escalafón que tiene en la base de su pirámide a investigadores/as asistentes cuando se produce el ingreso al sistema y en la cúspide a investigadores/as superiores, una estrechísima franja de profesionales, en su mayoría varones, que logran ascender al máximo nivel luego de toda una vida dedicada a la investigación científica. Las categorías a las que se accede a medida que se asciende en la pirámide son Asistente, Adjunto, Independiente, Principal y Superior.

propósito es visibilizarte como individuo y no como colectivo... ahí hay una decisión epistémica que sugiere, propone y opta por asumir que el conocimiento es una construcción colectiva, entre y de a varias. De hecho hay colectivos que optan por no nombrarse y no les cabe la urgencia de nombrar sus adscripciones.

Valeria: Sucede que esas son decisiones y alianzas que asumen previamente.

Natalia: Esa "cuestión de los nombres" [el entrecomillado responde al tono parodiado en el que enuncia el tema] hace a la producción de conocimiento científico y filosófico donde (no) se hacen cargo de los pensadores que les preceden o de las mujeres que las interpelan e interrumpen. Cuando se hace historia de la ciencia o de la filosofía occidental los que tienen lugar allí son las figuras canonizadas que responden, por supuesto, a rostros de varones.

Mariana: Por lo pronto me parece que hemos podido puntear algunas notas sobre las teorías feministas y situar algunas preguntas epistemológicas desde Latinoamérica. Cabe, me parece, intentar visibilizar lo que entendemos por epistemología. Específicamente hablamos de las formas en las que se produce determinado conocimiento. Esa forma entonces define lo producido. En este sentido caben algunas preguntas que tienen que ver con lo que puede ser conocido. Efectivamente tiene que ver con ciertos caminos y no con otros. No da lo mismo cualquier camino. La elección legitima la producción discursiva del objeto y de la sujeto. Algunas claves nos permitirían hablar de una epistemología feminista: se trataría de aquella que pregunta por la sujeto que investiga, por el lugar desde donde produce lo que produce, la perspectiva en la que se sitúa para preguntar y el tipo de producción que genera.

Valeria: Todas estas claves que podrían ayudarnos a bordear una epistemología feminista no tienen que ver necesariamente con el conocimiento situado. Explicitar todo eso supone enmarcarse en una epistemología feminista. Necesariamente reunir todos esos puntos implicaría enmarcarse en un punto de vista, en un empirismo o en un posmodernismo (Harding, 1996).

Natalia: Esto lo conversamos a propósito del texto de Sandra Harding *Ciencia y feminismo*, que nos permite pensar el *standpoint* y el conocimiento situado como dimensiones diferentes aunque no excluyentes.

Valeria: Claro, es que cualquiera de las corrientes reúne estas claves a las que alude Mariana.

Mariana: Si entendemos que la epistemología tiene que ver con la producción de cierto tipo de conocimiento y con las formas en las que se produce, si conversamos sobre esos cómo estaríamos de algún modo marcando un campo denominado epistemología feminista. La idea de pensar cuál es el lugar de la que indaga, la visibilización del *locus* de enunciación, el vínculo entre la sujeto y el objeto, quiero decir, la ruptura de fronteras entre los contextos de descubrimiento y justificación, las formas en las que el género influye en la concepción del conocimiento, los modos en los que la ciencia es sesgada en sus prácticas de investigación entre las que incluyo las de adquisición, de justificación, de transmisión, de aplicación, transferencia y circulación de ciertos saberes.

Valeria: Es una puesta en cuestión del desde dónde, el quién, el cómo.

Natalia: Y también el para qué.

Valeria: Define a una epistemología feminista.

Natalia: Disiento en parte, puesto que desde una perspectiva frackfurtiana estos cuestionamientos aparecen.

Valeria: No aparece la pregunta por el quién.

Natalia: Sí. Hay una pregunta por el quién: por el proletariado.

Mariana: Justamente, se pregunta por la clase, pero no por la quién.

Valeria: La feminista te dice la sujeto, la clase, el género, la raza, la etnia.

Natalia: Hace un tiempo trabajo diversas líneas de las epistemologías críticas en la línea marxista y asumo que el feminismo da una vuelta más. De algún modo se ha imbuido de las críticas al positivismo y ha dado un paso más al incluir el lugar de enunciación de las mujeres.

Mariana: Y ¿cuál es la relación que se da entre los contextos? Esa escisión que tenía lugar en las epistemologías clásicas no tiene lugar en ciertos feminismos.

Natalia: Eso lo venían haciendo las epistemologías críticas.

Valeria: El feminismo empirista no; sostiene los contextos separados (Harding, 1996).

Natalia: Pero hay epistemologías feministas que están anudadas a una perspectiva marxista en el sentido que son críticas del capitalismo.

Mariana: En cualquier caso, la sujeto que indaga se encuentra en el mismo plano crítico que el objeto de estudio. En este sentido la sujeto que conoce y lo por conocer está mediado por la quién y su situación, no sólo en cuanto sujeto histórico en contexto sino en relación a sus intereses, emociones, intuiciones, necesidades, afecciones. Lo que produce está anudado en su estar y hay una toma de conciencia de ese nudo que se corporiza y despliega en la producción.

Valeria: De acuerdo con Harding (1996), el empirismo feminista sostiene que el sexismo y el androcentrismo constituyen sesgos sociales corregibles mediante una estricta adhesión a las normas metodológicas vigentes en la investigación científica.

Natalia: Se propone una corrección desde el método pero deja intocable el núcleo duro de la ciencia.

Valeria: "... El considerable avance estratégico que supone lleva a sus defensoras a pasar por alto el hecho de que en realidad la solución feminista subvierte profundamente el empirismo. Se supone que la identidad social del investigador es irrelevante para la bondad de los resultados. Se presume que el método científico es capaz de eliminar los sesgos debido al hecho de que los investigadores concretos sean blancos o negros, varones o mujeres, pero, el empirismo feminista sostiene que es más probable que las mujeres como grupo obtengan más resultados no sesgados y objetivos que los hombres. Es más, los movimientos de liberación social que más han aumentado la objetividad de la ciencia y no las normas de la ciencia misma.... Otro tema clave de sesgo androcéntrico se sitúa en la selección de los problemas a investigar y en la insistencia en que sus normas metodológicas sólo se aplican en el contexto de justificación...." (Harding, 1996 p. 23). Según esta posición, nosotras por el hecho de ser mujeres estamos asegurando mayor fiabilidad y por el hecho de tener un método controlado también.

Natalia: Pero no incorporan el contexto de descubrimiento donde cabe la distancia con las otras, como es el caso del *standpoint* y las feministas posmodernas.

Mariana: En cualquier caso allí hay una toma de conciencia que hace la diferencia aunque insistan en sostener la dualidad buena ciencia / mala ciencia.

Natalia: Me parece que, si cabe alguna diferencia entre el "punto de vista" y el "conocimiento situado", es por la noción de "género" que cuestiona el esencialismo de la categoría "mujer". Me refiero al conocimiento situado de Donna Haraway.

Mariana: Al hablar de conocimiento situado entendemos que quien conoce está situada, es decir, genera conocimiento mostrando cómo es que el género sitúa lo que conoce porque su producción no acontece sin más sino que está en situación. El punto de vista no es apenas una perspectiva, es una teoría desde la que se ha señalado que las ciencias naturales y las ciencias sociales han sido configuradas desde el androcentrismo y, por tanto, esas producciones son sesgadas, parciales, distantes y pretendidamente objetivas, neutrales y universales. Es decir hechas "desde ninguna parte".

Valeria: Eso mismo, en relación al punto de vista "la posición subyugada abre la posibilidad de un conocimiento más completo y menos perverso. La crítica que se le hace al empirismo es que la identidad social del observador no es una variable importante con respecto a la objetividad de los resultados" (Harding, 1996 p. 25) y la crítica que se le hace a Harding respecto del punto de vista es si puede haber un solo punto de vista feminista cuando la experiencia social de las mujeres está dividida por la clase, la raza y la cultura y si acaso pueden haber puntos de vista feministas. La cuestión aquí es que hay que explicitar cuál es el punto de vista desde el que estás generando discurso. No hay un punto de vista. Se denomina *standpoint* y se traduce por punto de vista pero es desde el punto de vista desde donde estás escribiendo y produciendo conocimiento, a partir de la experiencia de quien conoce.

Mariana: Es tu *locus* de enunciación. La visibilización de tuyo. No se puede hablar de un único punto. Habría tantos como "desde dóndes", como "*ubi*", como "*locus*" de enunciación".

Natalia: Esta diferencia que introduciría la Haraway con el conocimiento situado que incorpora la visibilidad del género en el *locus* es lo que hace la distancia con Harding. La ruptura del género implicaría advertir que la categoría mujer no es homogénea ni tampoco esencialista.

Valeria: Haraway introduce también la necesidad de explicitar el punto de vista como lugar espacial. La noción de espacio en cuanto geografía es fundamental para ella. Cuando habla de saberes situados, se refiere también a saberes locales, geográficamente localizados. Quien conoce es alguien que está en una determinada situación, posición o circunstancia. Para Haraway el "punto de vista" implica el espacio, en el sentido que a éste le atribuyen quienes se dedican a la geografía, espacio como interrelación con el medio ambiente. Haraway defiende políticas y epistemologías de la localización, del posicionamiento y de la situación, en las que la parcialidad y no la universalidad es la condición que permite lograr un conocimiento racional. La objetividad feminista resulta una objetividad encarnada que provee conocimientos situados y a partir de un posicionamiento crítico (Haraway, 1995).

Mariana: Es que en cierto sentido afirmar que se conoce desde un punto de vista es sostener que la que conoce está en determinada posición de sujeta que no es intercambiable por eso no es posible hablar de un único punto de vista.

Valeria: Tengamos en cuenta que leemos traducciones.... les comparto "se sostiene que la posición dominante de los hombres en la vida social se traduce como un conocimiento parcial y perverso y que la posición subyugada de las mujeres abre la posibilidad de un conocimiento más completo. El feminismo aporta la teoría y la motivación para la investigación de la lucha política" (Harding, 1996, p. 24). La autora habla bastante respecto de que la teoría feminista tiene que ser un impulso para la práctica, para la práctica política.... "que puede transformar la perspectiva de las mujeres en un punto de vista (Idem.)".

Mariana: Ahí hay un dato en el que detenernos... una perspectiva se transforma en punto de vista, es decir, cierto modo de mirar se estructura como teoría....

Valeria: "Las críticas y las ciencias sociales y naturales se basan en las características universales de la experiencia de las mujeres tal como se entiende en la perspectiva del feminismo, quienes estén apegados al empirismo se mostrarán reacios a aceptar la idea de que la identidad social del observador sea una variable importante".... esa es una crítica... a esta posición se la trata de subjetiva: "con respecto a la objetividad potencial de los resultados de la investigación" es decir, desde el punto de vista del empirismo, se hace la crítica de que explicitar la identidad de quien investiga tiñe de subjetividad a la investigación... "además es menos probable que los científicos de ambos géneros acepten esta postura", considerada en sus propios términos suscita otras dos cuestiones: ¿puede haber un punto de vista? ¿Acaso puede haber puntos de vista? Esta posición nos lleva al escepticismo posmodernista (Idem).

Natalia: En su artículo "La necesidad de revelar la pregunta epistemológica en la teoría feminista", publicado en la revista mexicana Interdisciplina, la colombiana Tania Pérez Bustos (2016) sostiene que las epistemologías feministas del norte se pueden poner en correlación con las Olas. Los *feminismos empíricos* se vinculan a la 1ra Ola o feminismos de la igualdad. Aquí se refiere a Helen Longino (1990) pero también a las epistemólogas latinoamericanas Blázquez Graf (2012) y Maffía (2007) ya que en Latinoamérica en algún sentido estamos dando ese primer paso que busca incluir la producción de las mujeres en el canon científico-académico, tal como conversábamos al comienzo. Los feminismos del *punto de vista* nos remiten a la 2da Ola o feminismos de la diferencia que otorgan cierto privilegio epistémico a las mujeres. Aquí aparecen Harding, Hill Collins y Smith. Una tercera mirada sería la del *conocimiento situado* de Donna Haraway que indaga por los sesgos de género en el conocimiento y que dialoga con los feminismos decoloniales y de frontera con Anzaldúa, por ejemplo, con la teoría queer y los feminismos poshumanistas. Para Tania nuestros feminismos, los del Sur global, dice ella, son incipientes, impuros y desinstitucionalizados, y allí reside quizá su posibilidad epistemológica que se resiste a esta clasificación anglosajona.

Mariana: En relación a las formas en las que tradicionalmente se construye el conocimiento científico, las mujeres al momento en que producen, hacen una distancia; la de deconstruir desde un lugar; la de visibilizar el lugar desde dónde están deconstruyendo esa producción teórica; lo que hacemos nosotras es lo que no hacen quienes producen desde "ninguna parte" cada vez que corren el cuerpo y corren el espacio contextual.

Natalia: El aporte del feminismo descolonial en la perspectiva de Yuderkys Espinosa Miñoso, por ejemplo, es incorporar la categoría de raza. Puesto que no alcanza con que seamos mujeres, es preciso pensar desde la interseccionalidad.

Mariana: No alcanza que seamos mujeres o feministas, o feministas y lesbianas, o transfeministas; es indispensable ser antirracista, de lo contrario somos racistas nos apunta Yuderkys.

Natalia: Ella pregunta por el punto de vista.

Valeria: Es que van de la mano: conocimiento situado y punto de vista.

Natalia: Desde dentro.

Mariana: Desde fuera, desde otro espacio que no es el académico... en cualquier caso habría que preguntarle qué es adentro para ella y qué es afuera (risas).

Valeria: Leo ... "el posmodernismo feminista niega los supuestos desde los que se basa el empirismo feminista y el punto de vista aunque también aparece en el pensamiento de esas teóricas las tensiones del escepticismo" (Harding, 1996 p. 25).

Natalia: ¿Quiénes son esas teóricas?

Valeria: "Junto con Nietzsche, Derrida, Foucault, Lacan, Feyerabend y movimientos intelectuales como la semiótica, la deconstrucción, el psicoanálisis, el estructuralismo, el nihilismo, las feministas comparten un profundo escepticismo respecto de los enunciados universales sobre la existencia, la naturaleza y las fuerzas de la razón, el progreso, la ciencia, el lenguaje, el sujeto. Este enfoque exige utilizar un fundamento adecuado para investigar las fragmentadas identidades que crea la visión moderna: feministas negras, socialistas feministas, mujeres de color" (Harding, 1996 p. 26). Entonces cabe la pregunta: ¿podemos permitirnos renunciar al intento de una única descripción feminista, de un único sentido ante las alianzas de la ciencia?

Natalia: ¿El desmembramiento del feminismo es útil para pelear contra las alianzas neoliberales? O ¿tenemos que aliarnos en las diferencias? Me parece complicada la pelea al interior del feminismo cuando no hemos logrado avanzar en la incorporación de las mujeres a la academia. En algún punto, parece que discutimos cuestiones complejas cuando en verdad en la academia el canon no ha sido del todo interrumpido.

Mariana: El clivaje tal vez esté en la noción de experiencia como instancia de producción de conocimiento colectiva que implica cierta praxis.

Valeria: La noción de experiencia que nosotras reivindicamos, para la ciencia tradicional no cabe.

Mariana: Claro, puesto que no busca validación, no se presenta como prueba, no quiere comprobar, no pretende ser objetiva, escapa a la repetición, está mucho más cerca del testimonio y la autobiografía. Se abren espacios que convocan a la autoconciencia en la que las mujeres se sienten convocadas a hablar, en las que circula la palabra, en la que aparece una producción que no es el resultado de una sola sino que nombra a todas las que están allí.

Natalia: Pero eso entra dentro de la ciencia o estamos en el margen.

Mariana: Si nuestro punto de partida es el señalado por Valeria al inicio, en el sentido de que todos los saberes tienen el mismo valor, no cabe la distinción.... o en todo caso allí hay una discusión que no tendríamos por qué dárnosla nosotras, en todo caso que lo hagan los blancos heterosexuales occidentales de clase media que vienen reproduciendo la buena ciencia desde ninguna parte.... Es Dorothy Smith (1987) la que argumenta en relación a la experiencia de las mujeres situándola a la base del conocimiento feminista asumiendo que es desde dicho conocimiento desde donde es posible cambiar la/s disciplina/s.

Valeria: Allí estaríamos cercanas a Lorraine Code. La autora propone una "epistemología de las vidas diarias" y pretende evitar los límites de las epistemologías de orientación empirista-positivista que no consideran que el conocimiento es una construcción producida por quien conoce, su relación con su práctica de conocimiento y las prácticas sociales en general. La epistemología de Code supera de este modo la pretendida objetividad y neutralidad y la exaltación del conocimiento científico como único modo de conocimiento válido. Para ella no tiene sentido hablar de objetividad sin que se tenga en cuenta la subjetividad. Para ella en las investigaciones científicas quien lo hace no puede dejar de lado su conocimiento cotidiano. No habría una línea definida entre una forma de saber y otra, sino que el conocimiento se daría en un continuo que va de lo más subjetivo a lo más objetivo (Code, 1998).

Natalia: Esa sería la perspectiva de una epistemología ampliada.

Mariana: En el sentido de Esther Díaz (2007) decís.

Natalia: En el sentido de que la epistemología ya no sería una reflexión sobre el conocimiento científico sino acerca de los modos de producción del conocimiento en general.

Mariana: Atendamos entonces a la distinción de las feministas empiristas entre la buena y la mala ciencia, pues allí hay una jerarquización de producciones de saberes a la que no estaríamos dando lugar.

Natalia: Es que nosotras hemos invertido esa distinción en tanto que la mala ciencia nos parece la que no se hace cargo de estas críticas que ya llevan medio siglo. El año pasado, una investigadora, bióloga, que trabaja con arañas me contó cómo el sesgo de estudio de las arañas se hace desde el macho. Se ha tomado el macho como holotipo, como modelo para la experimentación. Trabaja además con arañas del monte mendocino que no condicen con la tipología europea. De modo que tiene que romper con los modelos, los estándares, las clasificaciones.

Mariana: Entre buena y mala ciencia hay un guiño para hacer, pero también cabe hacerlo en relación a objetividad fuerte. Esta necesidad de tener que decir que el lugar desde donde decimos lo que decimos fortalece la objetividad (porque lo hacemos desde otro lugar) responde a parámetros de la ciencia tradicional, implica seguir usando categorías que serían creadas desde nuestras claves epistémicas.

Natalia: Pero es un paso que hay que dar. La deconstrucción viene desde una construcción. Si el holotipo es el macho y la hembra tiene más determinaciones para la especie y, así todo, no es considerada.... tal como ha sucedido también históricamente en la medicina, el macho marca la tendencia que luego se aplica a las hembras. Este es un primer paso para advertir que nos salimos del molde, aunque estemos en una cuestión empirista.

Mariana: En cualquier caso allí estás pensando en el objeto y en cómo deconstruir lo producido hasta el momento si hay una transformación en el objeto y esa transformación viene dada por un corrimiento que lo precede. Hay una opción epistemológica que obliga a cambiar el objeto.

Natalia: La pregunta es: ¿si no hemos hecho ese primer paso, cómo llegamos a una deconstrucción del nudo? Mirando un índice en un dossier, la primera pregunta es ¿hay escritoras?, ¿hay latinoamericanas?... ese sería un primer paso.

Mariana: En cualquier caso, la experiencia nos lleva de la mano a las comunidades en las que se construye y se adquiere conocimiento. Nos urge reconocer comunidades epistémicas allí donde nosotras nos apropiamos de la capacidad de darle sentido a nuestras experiencias y explicar los tejidos de eso compartido. Esa práctica tiene un efecto: conocimiento colectivo y eso tiene que ver con un hacer teoría desde otro lugar, desde otra práctica, con un indagar desde otro modo entre, con y desde nosotras.

Natalia: Prácticas desde donde se rompe el modelo de ciencia tal como lo conocemos. Porque a la hora de publicar lo hacemos con nuestros nombres.

Valeria: Podés hacerlo colectivamente pero vale el primer nombre (risas).

Mariana: Es que antes estamos nosotras, cabe preguntarnos entonces ¿y dónde estamos nosotras (risas)? Lo pregunto así: ¿cuál es el circuito por dónde circulan las producciones hechas desde los márgenes? Hemos dicho hace un rato que algunas de nosotras interrumpimos el monólogo andro-centrado, que rompemos el canon, que aportamos desde Latinoamérica para conformar otro archivo... Pero no hemos dicho nada de cómo las académicas invadimos otros órdenes, interrumpimos el diálogo instau-rado en otros lares... ¿de qué modo las académicas nos vinculamos con los márgenes? Porque de algún modo, lo hemos visto, lo hemos hecho, las académicas están vinculadas con los órdenes de la vida. Corremos el cuerpo y salimos a conversar con otras. Allí también hay construcciones que son prácticas teóricas ¿a dónde tienen lugar si no es en la vida de las mujeres? Transformaciones que aparecen como saberes de vida y que posibilitan transformar los cómo vivimos. Y, cuidado, ahí caemos en otra dicotomía que separa el orden de la vida de la academia. Porque vuelvo a preguntar: ¿le interesa a esas mujeres salir publicadas en un capítulo de libro con nombre propio, como parte de un colectivo? Pero sí, tal vez, haya sido relevante para ellas haber(se) animado a conversar entre nosotras y hermanadas saber que se puede vivir de otro modo...

Natalia: Seguramente las transformadas seríamos nosotras. En muchos casos, las científicas se transforman de tal manera que salen de la academia porque no encuentran qué hacer allí. Porque llega un momento en que esa falsa dicotomía se hace imposible de sostener.

Valeria: Somos muy criticadas como académicas elitistas. Todos estos ruidos que se nos producen cotidianamente no están sistematizados, tampoco puestos en valor en la academia.

Natalia: Lo estamos haciendo en este momento.

Mariana: En este momento estamos abriendo un espacio otro, no sé si cabe señalar un adentro o un afuera de la academia, pero tal vez quepa por lo menos no dejar pasar, que estamos fuera de las Universidades Nacionales, quiero decir, fuera de la educación pública, habilitando un espacio para algunxs, que en parte, de algún modo potencia el vaciamiento de otros espacios.

Consideraciones sobre el cierre

Pensar una epistemología feminista latinoamericana entre academia-activismo requiere de espacios otros, de tiempos otros, de prácticas otras, de (des)encuentros, alianzas, deseos pero, sobre todo, de conversaciones sostenidas a destiempo entre nosotras y ustedes, aunque geopolíticamente situadas.

Esta conversación ha sido un ensayo gestual que pone en discusión diversos marcos teórico-metodológicos que propician aperturas respecto de la (in)visibilización, silenciamiento y olvido de mujeres en la academia. Una puesta en cuestión de la circulación, tránsito, traducción, recepción y consumo de ideas y teorías desde el Norte hacia el Sur al tiempo que el interrogante por los modos en los que el Norte se deja interpelar por las voces de las mujeres del Sur del Río Bravo y habilita la escucha a registros plurales -narrativas de experiencias, ensayos, testimonios, entrevistas, saberes ancestrales- en lenguas muchas -académicas, populares, ancestrales, científicas-. La asunción de que la experiencia del diálogo sobre pertenencias académicas, adscripciones, reconocimientos y privilegios relativos así como respecto de las formas en las que habitamos dentro fuera y hacemos (contra)canon entre academias-activismos requiere de compromisos, sutilezas y amorosidades que obligan a corrimientos epistémico-metodológicos.

En el producir anudadas - a nuestras intuiciones, emociones, necesidades, afecciones y urgencias- devenimos parte de lo que tramitamos al momento de visibilizar esos nudos en prácticas-teóricas que intersectan adquisición y recepción, producción y justificación, transmisión e indagación, aplicación, vinculación, transferencia y extensión. *Aperturas, tensiones, articulaciones* donde nos reconocemos, nos autorizamos, nos adscribimos como/en comunidades epistémicas situadas, reapropiándonos, a través de experiencias que nos atraviesan corporalmente, lo que nos marca como neoliberalismo, patriarcado, colonización, sexismo, clasismo, racismo.

Referencias

Alvarado, Mariana (2014). "La ausencia femenina en la normalización de la filosofía argentina. Notas al epistolario de Francisco Romero" *RAUDEM Revista de Estudios de las Mujeres*. Vol 2. pp. 25-40.

Anzaldúa, Gloria. (2016). *Borderlands / La Frontera. La nueva mestiza*. Madrid: Capitan Swing.

Bach, Ana María. (2010). *Las voces de la experiencia. El viraje de la filosofía feminista*. Buenos Aires: Biblos.

Blazquez Graf, N. et. al. (Coord.) (2012). *Investigación feminista. Epistemología, metodología y representaciones sociales*. México D.F., México: UNAM.

Ciriza, Alejandra. (2016). "Mujeres del sur en filosofía. Notas para una lectura crítica del canon filosófico". Dossier Epistemologías feministas latinoamericanas. *Solar. Revista de Filosofía Iberoamricana*, 12 (1) pp. 121-141.

Code, Lorraine. (1998). "Feminist Epistemology". En: Craig, E. (de. Gral.). *Routledge Encyclopedia of Philosophy*. London and New York: Routledge.

Díaz, Esther (2007). *Entre la tecnociencia y el deseo: la construcción de una epistemología ampliada*. Buenos Aires, Argentina: Biblos.

Espinosa Miñoso, Yuderkys, Gómez Correal, Diana y Ochoa Muñoz, Karina (eds.). (2914). *Tejiendo de otro modo: feminismo, epistemología y apuestas descoloniales en Abya Yala*. Colombia: Universidad del Cauca.

Fischetti, Natalia. (2017). "Al ritmo del tambor una entrada a la epistemología feminista latinoamericana. Dossier Epistemologías feministas latinoamericanas". *Solar. Revista de Filosofía Iberoamericana*, 12 (1), pp. 19-34.

Fischetti, Natalia y Alvarado, Mariana (2015) "Inscripciones Feministas. Notas críticas sobre la (re)producción del conocimiento". Revista Venezolana de Estudios de la Mujer. Feminismo Latinoamericano, Vol 20/n° 45; Venezuela, Universidad Central de Venezuela; pp. 145-184. Recuperado de http://saber. ucv.ve/ojs/index.php/rev_vem/article/view/9994

Fox Keller, Evelyn. (1991). *Reflexiones sobre género y ciencia*. Valencia: Alfons el Magnanim.

Fox Keller, Evelyn. (2000). *Lenguaje y vida. Metáforas de la biología en el siglo XX*. Buenos Aires: Manantial

Gargallo Francesca. (2004). *Las ideas feministas latinoamericanas*. México: Universidad de la Ciudad de México.

Haraway, Donna. (1985). *Ciencia, Cyborgs y mujeres. La reinvención de la naturaleza*. Madrid: Cátedra.

Harding, Sandra. (1996). *Ciencia y feminismo*. Barcelona: Morata.

Hill Collins, Patricia. (2000). Black feminist thought; Knowledge consciousness and the politics of empowerment. London, New York: Routledge.

Lugones, María. (2008). "Colonialidad y género". *Tabula Rasa*. Bogotá, Colombia, No. 9. pp. 73-101.

Maffía, Diana. (2007). "Epistemología feminista. La subversión semiótica de las mujeres en la ciencia". *Revista Venezolana de Estudios de las Mujeres.* Vol 12, n.º 28, pp. 63-98.

Mendoza, Breny. (2010). "La epistemología del sur, la colonialidad del género y el feminismo latinoamericano". En: Yuderkys Espinosa (Ed.) *Aproximaciones críticas a las prácticas teóricopolíticas del feminismo latinoamericano* (pp. 19-36). Buenos Aires: La frontera.

Rivera Cusicanqui, Silvia. (2010). *Ch´ixingkay utxiwa. Una reflexión sobre prácticas y discursos descolonizadores.* Buenos Aires: Tinta Limón.

Smith, Dorothy. (1987). *The Everyday World as Problematic: A Feminist Methodology.* Boston: Nordeastern University Press.

Wallerstein, Immanuel (2007). *Abrir las ciencias sociales.* Madrid: Siglo XXI.

Feminismos del sur: subversiones epistemológicas, disputas de sentido y construcción de alternativas

Natalia Beatriz Fischetti
Mario Federico David Cabrera

Nos hemos propuesto indagar en las condiciones (¿posibilidades?) y estrategias de producción de conocimiento de las mujeres, lesbianas y disidentes en el sur latinoamericano. Para ello, exploramos una serie de textos de pensadoras que nos han permitido identificar una multiplicidad de articulaciones entre academia y activismos en la conformación de una epistemología feminista situada. En este recorrido convocamos las voces de Alejandra Ciriza, Amalia Fischer, Nelly Richard y val flores con la intención de apostar por un trabajo crítico, que transita por múltiples bordes disciplinares, y preguntarnos qué tradiciones, agenciamientos y efectos de poder se ponen en juego a la hora de enunciar perspectivas alternas respecto del proyecto de la episteme moderna, colonial, racial y patriarcal.

Precisamente, nos hemos formado con las teorías del Norte. La colonialidad del saber se inscribe en nuestras lecturas europeas y patriarcales en la academia latinoamericana. Teorías alemanas, francesas, inglesas y norteamericanas, fundamentalmente, constituyen la formación básica de las carreras de humanidades en la mayoría de nuestras universidades. El estudio de las disciplinas humanísticas, filosofía y letras, tiene, en general, un enfoque enciclopedista y universalista, abstracto, deshistorizado. Esta crítica no es novedosa. Al menos desde el año 1992 con aquella conferencia de Enrique Dussel sobre "El encubrimiento del otro" en Frankfurt (en el marco del quinto centenario de la llegada de Cristóbal Colón a tierras americanas), los velos de la colonialidad del saber, junto con los del poder, se han ido cayendo. Si se siguen sosteniendo con broches hoy es desde el cinismo que acompaña las políticas neoliberales de la región.

Nos hemos formado con el pensamiento latinoamericano y argentino. Algunas/os en nuestra academia sostenemos la necesidad de que las teorías críticas del capitalismo se imbriquen con las teorías críticas del colonialismo para que la historia, el tiempo y el espacio, sean protagonistas. Hemos logrado desestabilizar, revisar, reinventar, resignificar, subvertir aquella imposición europea de nuestra mirada. Sin embargo, algo nos falta. Nuestra perspectiva sigue siendo sesgada. El velo colonial se trama con otro más oscuro: el velo patriarcal de nuestros saberes.

Nos estamos deformando con el feminismo latinoamericano. Ya no queremos que nos den forma. Aparecen nuevas figuras: nuestros cuerpos, situados, interseccionados. Suenan nuestras voces y nuestras experiencias.

Nuestras pensadoras feministas latinoamericanas han logrado hacer teoría de otro modo, subvertir las ideas desde una primera premisa ineludible: la teoría es acción, es praxis, es activismo, es militancia, es transformación. En cada uno de estos casos, las teorías se han hecho cuerpo, se han digerido y transmutado. Se han hecho impropias, se han revertido, subvertido, invertido. Con ellas, las ideas se han hecho calle, lucha.

Genealogías y memorias. Cartografías complejas. Giros culturales. Experiencias disidentes. Estas son las cuatro subversiones que proponemos desde nuestras lecturas de Alejandra Ciriza, Amalia Fischer, Nelly Richard y val flores.

Alejandra Ciriza. Memorias y genealogías de las luchas feministas

La trayectoria crítica de la filósofa mendocina Alejandra Ciriza, militante por los derechos humanos y activista feminista, se ha orientado a pensar las convergencias y divergencias entre marxismo y feminismos en América Latina y las relaciones "entre teoría y praxis, experiencia y pensamiento abstracto, cuerpo y política" (Mariani, 2012: 13).

El posicionamiento epistemológico de Ciriza se sitúa dentro de la teoría del punto de vista feminista según la cual hay un privilegio epistémico de los grupos subalternos, de las mujeres subalternas, las mujeres del sur, las que migran en busca de trabajo. En este sentido, la autora retoma el punto de vista marxista (el punto de vista de las trabajadoras) que insiste en la construcción de una conciencia colectiva capaz de enfrentar la situación de opresión que ejerce el capitalismo sobre la clase trabajadora, especialmente sobre las mujeres trabajadoras, las mujeres trabajadoras de color, las mujeres trabajadoras del Sur. La necesidad de la autoconciencia del colectivo de mujeres se traduce en la apuesta por las genealogías.

Así, frente al posmodernismo epistemológico de Rosi Braidotti (2000), que enfatiza el nomadismo de los sujetos femeninos, Ciriza imbrica su posicionamiento crítico marxista con el feminismo desde un enclave latinoamericano: triple mirada de una episteme subversiva que hace foco en los cuerpos de estas mujeres que trabajan, que son explotadas, migrantes, que sufren. No hay retórica, hay cuerpos. Hay silenciamientos, hay olvidos, hay borramientos.

Desde la intersección de estos factores, Ciriza concibe la irrupción de las genealogías de mujeres en la trama de lo personal y lo público como una apuesta histórico-política de los feminismos del sur. Las genealogías feministas hacen historia crítica de las mujeres desde memorias subalternas y filiaciones mujeriles de quienes habitan la periferia y circulan desde el sur hacia el norte por ineludible necesidad. Las genealogías, asimismo, se manifiestan como herramientas de intervención frente a problemas como la centralidad de los feminismos del norte en los debates críticos y el silenciamiento y el olvido de las mujeres dentro del discurso histórico.

En primer lugar, es importante destacar que el trabajo genealógico no sólo tropieza con múltiples comienzos, dispersiones, discontinuidades, fracturas (de raza, de clase, de sexualidad) sino que también se topa con el protagonismo ejemplar de las feministas del norte frente a la retaceada historia colectiva de los feminismos del sur, que carece de archivo. Ante estas dificultades de orden político y epistemológico, una posibilidad que nos propone Ciriza es la construcción de nuestra memoria histórica a través del restablecimiento de genealogías personales. Esto permite también dar visibilidad, al interior de los feminismos, a los tránsitos subalternos de las mujeres del sur.

En segundo lugar, la historia de las mujeres se borra ya que el orden de las filiaciones se establece por vía patrilineal. Es por esto que la memoria política de las mujeres se pierde:

> La noción de genealogía de feministas ha sido elaborada a partir de una doble constatación: por una parte, tras los pasos de Rich, considero la expropiación de la capacidad de las mujeres para reproducir la vida hu-

mana uno de los mecanismos centrales de la explotación /dominación patriarcal. Expropiadas, las biomujeres parimos corporalmente sujetos que se inscriben en genealogías paternales. De la fecundidad del cuerpo no deriva la inscripción en el orden de la cultura, la historia y la sociedad. Sin embargo los /las sujetos necesitamos ubicarnos en el mundo, situar nuestros puntos de vista políticos a partir de una historia propia, densa, plena de vidas individuales, de luchas colectivas, de sueños y derrotas, de herencias conceptuales (Rich, 1986). Reconstruir genealogías feministas es un gesto político que requiere de una tarea de búsqueda de las huellas doblemente dispersas de nuestras ancestras, mujeres transgresoras algunas de ellas, feministas otras (Ciriza, 2015, p. 85).

Dado que el conocimiento es patriarcal y colonial, se requiere un trabajo de atención a la propia experiencia para devenir feminista: situación, cuerpo, historia, cultura, lengua materna hacen a un posicionamiento epistémico que se torna privilegiado si se agencia como colectivo político. El feminismo que deriva de las genealogías de las mujeres del sur se adquiere desde una perspectiva que requiere una reflexión crítica que interprete la globalización, a las nuevas formas de imperialismo, también en el tránsito de teorías y académicas feministas de norte a sur y de mujeres trabajadoras, migrantes de sur a norte.

Amalia Fischer. Cartografías complejas de los feminismos del sur

> Los paisajes psicosociales son también cartografiables. La cartografía, en este caso, acompaña y se hace mientras se desintegran ciertos mundos, pierden su sentido, y se forman otros: mundos, que se crean para expresar afectos contemporáneos, en relación a los cuales los universos vigentes se tornan obsoletos.
>
> Suely Rolnik, *Cartografía sentimental.*

Amalia Fischer, filósofa méxico-nicaragüense radicada en Río de Janeiro, se define como feminista y antirracista. Su trabajo crítico asume un enfoque interdisciplinario que, desde el campo de las ciencias sociales, se hace cargo del cambio de paradigma que acontece desde hace más de medio siglo en los saberes de la filosofía y de las ciencias naturales. Desde esta perspectiva, analiza el capitalismo como complejo y discute acerca de las paradojas de los feminismos del sur a partir de herramientas conceptuales propias de la teoría de la complejidad. Así, la transdisciplina y las cartografías se presentan como herramientas de un feminismo que pone en jaque a la ciencia moderna y afronta críticamente los nuevos modos del saber.

La lógica moderna, cuyos axiomas responden al paradigma mecanicista (Newton), se organiza en torno a una serie de extrapolaciones ideológicas: el determinismo es absoluto (no existe el azar); el universo es un todo; el tiempo es reversible. La ciencia, en este modelo, estudia las causas y las expresa en leyes necesarias que dan cuenta de los principios de orden, regularidad y causalidad. De esta manera, excluye probabilidades, nuevas formas de creación, leyes teleológicas, otros mundos posibles. Estamos, como se observa, ante el despliegue de un proyecto epistémico (y político) que opera por exclusión y jerarquización de sus componentes.

Por su parte, las ciencias de la complejidad, ya desde mediados del siglo XX, se construyen desde sistemas autorregulados y complejos basados en concepciones del caos y la entropía. Para Prigogine-Stengers (1983) se ha producido una metamorfosis de la ciencia que observa un universo fragmentado, evoluciones, crisis, inestabilidades. Las nuevas ciencias hablan de relaciones, organizaciones, medios, redes, sistemas, información, creación (sistemas adaptativos, autorregulados, autopoiéticos, autoorganizados), de probabilidad, de la flecha del tiempo o irreversibilidad. Las tecnociencias son por definición inter y transdisciplinarias y son el fundamento del capitalismo complejo. De hecho, la ciencia y la técnica convertidas en mitos han sido históricamente funcionales al sistema capitalista: con el ascenso del capitalismo, se impusieron "leyes económicas" apelando a la mecánica y al reduccionismo; con el colonialismo, fue el darwinismo el que acompañó la conquista como mito de superioridad de la raza blanca; con el revolución industrial; estado benefactor y estado desarrollista, fueron las ideas de progreso y modernización. Nuestro capitalismo tardío vuelve ideológicas la teoría de la incertidumbre, la teoría de los sistemas autorregulados y adaptativos, las ciencias de la organización, la teoría general de sistemas.

En este marco -que es también un desmarcarse-, Fischer presenta un análisis del movimiento feminista latinoamericano posicionado en la globalización o capitalismo mundial integrado (un nuevo orden mundial que produce subjetividades) usando las lógicas de las nuevas ciencias y las tecnociencias. Las subversiones, resistencias, luchas, líneas de fuga se dan desde los movimientos sociales, desde el movimiento feminista:

> El movimiento feminista latinoamericano está sometido a todas estas turbulencias es complejo y conflictivo (sic). Precisamente esas turbulencias son las que lo movilizan. El ruido venido tanto del interior como del exterior, desorganiza, desequilibra al movimiento y al mismo tiempo es fuente de enriquecimiento, de capacidad auto-organizativa, autocrítica y crítica, de autopóiesis. (Fischer, 1998, s/p)

El feminismo se mueve turbulentamente por Latinoamérica. La metáfora espacial del mapa se vuelve imposible si se pretende fijarlo. La metáfora es la acción de cartografiar transdisciplinariamente, desde los saberes de cuerpos sensibles en movimiento, en fuga, en expansión incierta, azarosa, que han roto con la lógica binaria, que van en pos de la ruptura del orden capitalista. La subversión epistemológica es doble: desde las nuevas ciencias erosionar la ciencia moderna y desde los feminismos, institucional y micropolíticamente, hacer estallar la producción de subjetividades del capitalismo complejo. Para ello recurre a las metáforas rizomáticas de Deleuze y Guattari y también acerca de lo molar y lo molecular, para vislumbrar la trama compleja que el movimiento feminista latinoamericano despliega *entre* las políticas institucionales y las micropolíticas.

En la era del capitalismo transnacional y de los discursos que pregonan el fin de la subjetividad, la práctica de cartografiar se manifiesta como una forma de desacato epistemológico y político puesto que insiste en reconectar materialidades, cuerpos, sensibilidades, afectos, activismos y territorios desde una dialéctica permanente entre lo individual y lo colectivo.

Nelly Richard. La crítica feminista como modelo de crítica cultural

En la actualidad, la producción crítica de Nelly Richard constituye un episodio imprescindible dentro de los estudios culturales latinoamericanos puesto que, a lo largo de más de cuarenta años, sus textos han logrado intervenir activamente en los diálogos teóricos norte- sur y, a su vez, diseñar diferentes estrategias para pensar la relación entre estética y política. Conviene destacar, asimismo, que la autora toma distancia respecto de la denominación "estudios culturales"[1] y formula su proyecto

[1] Nelly Richard manifiesta una preocupación por el gran desarrollo institucional de los estudios culturales en las universidades norteamericanas a partir de la década del 90 puesto que este fenómeno presenta "una versión demasiado burocratizada de

teórico- crítico en términos de "crítica cultural" entendida como articulación compleja entre arte, política, cultura y teoría en la que resuenan y se resignifican herramientas provenientes de las tradiciones francesa, alemana e inglesa desde un locus de enunciación latinoamericano. Tal como sostiene Michael Lazzara, la crítica cultural richardiana asume un enfoque extrainstitucional y marginal situado en el campo de los saberes desamurallados; despliega una gestualidad anti o transdisciplinaria por cuanto pretende cuestionar los modos de producción/ construcción/ diseminación de conocimientos; remarca la centralidad de lo local como intersticio para pensar, teorizar y actuar; y, además, se problematiza permanentemente acerca de la formulación de políticas identitarias no esencialistas en el marco de sociedades mercantiles, patriarcales y coloniales (2009a, p. 64- 65).

Desde esta perspectiva, la autora entiende al feminismo como un proyecto multiescalar que puede ser pensado en, al menos, tres dimensiones: política, epistemológica y estética. Es un vector de acción política que se despliega en lo social, es una fuerza de intervención teórica que cuestiona la organización simbólica del pensamiento dominante y es una potencia que examina y disloca las codificaciones sociales (Richard, 2018, p. 7-8).

Teniendo en cuenta lo señalado, Richard caracteriza a la crítica feminista como un tipo particular de crítica cultural (2009a). En primer lugar, sin desconocer las disputas en torno a la dimensión política del género, advierte la emergencia de un "giro cultural feminista" que interviene en "las luchas por la significación que acompañan las transformaciones sociales" (2009a, p. 75). Esta idea retoma la tesis de Giulia Colaizzi, para quien las sociedades patriarcales no sólo implican un régimen de propiedad privada sino también de propiedad lingüística y cultural por cuanto el signo masculino se instituye como el logos que regula la producción de sentidos y determina la naturaleza de las relaciones entre los sujetos (Colaizzi, 1990, p. 113). La crítica feminista asume, así, un uso político del análisis del discurso para desmontar los significados que se inscriben sobre el cuerpo y, especialmente, sobre la "mujer" (Richard, 2009a, p. 76).

---

los estudios culturales que persigue una ecuación satisfecha entre la gobernabilidad de la política, la administración de lo social, la maniobrabilidad de lo cultural, la aplicabilidad de los saberes: todo esto cruzado por un deseo de traductibilidad de las diferencias a un liso sistema de intercambios donde el registro práctico de la transacción y de la negociación prevalecen sobre el registro teórico-crítico del conflicto y el antagonismo" (2003, p. 445).

En segundo lugar, destaca la insurrección epistemológica y metodológica del feminismo como campo de saberes históricamente marginados que rompen los marcos de vigilancia y desobedecen los protocolos de disciplinamiento académico (2009a, p. 77). Esto se traduce en una exploración estética que punza en la escritura y tuerce las leyes de la gramática para dar lugar a cuerpos y experiencias diversas. Se prefiere una textualidad híbrida a la exposición científico- social de los conocimientos moldeados por la industria del *paper*. La gestualidad crítica propone acompañar la resistencia a las formaciones hegemónicas con nuevas formas de decir/ enunciar: desajustar los parámetros de comunicabilidad dominante del conocimiento garantizado (2009a, p. 79).

Por otra parte, en lo que se refiere a las condiciones de producción contemporáneas, la autora señala que la crítica feminista se halla atravesada por el debate en torno a la identidad y la diferencia y que, por ello mismo, "ha debido perfeccionar sus habilidades para crear gestos dobles, desdoblados, que luchen en múltiples frentes" (Richard, 2018, p. 43). Esto supone también un debate entre quienes creen que la acción feminista no puede ni debe prescindir de un relato de género mínimamente estable y cohesionador (base organizativa y representacional) y quienes abogan por la desestabilización crítica del referente "mujer", la dispersión del significante (Richard, 2018, p. 42). El escenario crítico que describe Richard es complejo por cuanto "la deconstrucción filosófica del sujeto trascendental de la metafísica occidental le arma al feminismo un escenario propicio a la revalorización de lo "otro" (y de la "otra") que la modernidad había marginado de su imperio de la razón y la verdad dominantes" (Richard, 2018, p. 45). Pero, a su vez, en el reino de la deconstrucción y el pansemiotismo, la diferencia sexuada corre el peligro de quedar relegada como una más en el amplio abanico de asimetrías de la modernidad. A partir de esta situación paradójica, Richard advierte la necesidad de desarrollar una perspectiva multisituada de la noción de sujeto que permita un reconocimiento de las diferencias sin establecer divisiones. Evocando la palabra de Gayatari Spivak, propone la noción de "esencialismo estratégico":

> Un recurso que nos autoriza a emplear el signo "mujeres" cada vez que un referente de identidad necesita servir de enlace y conexión solidaria en las luchas contra las desigualdades de género, aún sabiendo que dicho signo carece de base ontológica [...] El sujeto del feminismo [...] son "las

mujeres" cuando nos hace falta generar afinidades colectivas en torno a
un vector genérico- sexual de identificación social; o bien que el sujeto
del feminismo es "el género" cuando nos convenga insistir en el carácter
relacional del sistema de poder sexual; o bien que el sujeto del feminismo es la "operación crítica de lo femenino" cuando se trate de conjugar
múltiples fuerzas de disidencia de identidad que desborden el realismo
sexual de los cuerpos de mujeres; o bien que el sujeto del feminismo es
"la corporeidad-mujer" cuando, por el contrario, necesitamos ponerle
un límite a la borradura filosófica del género que promueve la infinita
deslocalización de la diferencia sexual" (Richard, 2018, p. 52-53).

Para sintetizar, dentro del recorrido que hemos planteado en torno
al pensamiento de Richard, gravita una pregunta acerca de cuáles son
las responsabilidades y/o tareas que debe enfrentar la crítica feminista.
En líneas generales, el feminismo encarna una disputa práctica y teórica
respecto del ordenamiento desigual del mundo de acuerdo con un logos
de índole patriarcal, racial y liberal. En el campo de la crítica cultural ésto
se entiende como una forma de desorganizar y reimaginar los signos de
la cultura desde un enfoque dinámico e inclusivo.

val flores. "Partir de sí para no quedarse en sí"

Hace ya algunas décadas Michel Foucault nos señaló que el proceso de
subjetivación supone una serie de procedimientos a través de los cuales el/
la sujeto llega a observarse, analizarse y descifrarse. Estos procedimientos
suponen también un sistema de nominación, una gramática del nombre
propio y de los lenguajes que se inscriben en nuestros cuerpos. Frente
a estos mandamientos de la letra, i(nte)rrumpe la escritura de val flores
(con su nombre así, en minúsculas), escritora maestra tortillera masculina
feminista heterodoxa queer prosexo postfugitiva sudaca antiespecista. El
ejercicio de la autoescritura/ autorrepresentación adquiere en su propuesta el valor de una tecnología de desgobierno escritural que instala en la
propia carne la resistencia frente al lenguaje y, desde allí, interviene en
las diversas formas de hacer-se sujeta (flores, 2010, p. 213). En diálogo
con la colectiva "Precarias a la deriva" (2004), asume como presupuesto
metodológico la exploración de las propias tramas de la experiencia para
reconocerse en los mapas de lo colectivo buscando "[…] afinidades auto-

reflexivas y complicidades afectivas para un pensar juntxs decolonial" (2017, p. 53).

En ese recorrido crítico, la discrepancia, la confusión y el estremecimiento constituyen figuras centrales en un proceso de (des)aprendizaje "[...] de la normalidad heterosexual, racista, patriarcal, capacitista, clasista, colonial, neoliberal" (2017, p. 58). Así, una de las tareas principales de una crítica feminista consiste en reapropiarse de los modos en que nombramos nuestras experiencias e identificaciones. La noción de categoría se recupera como un espacio, limitado y contingente, de problematización respecto de prácticas, identidades y formas de ser que de otro modo serían innombrables (2017, p. 55).

Uno de los campos de saber sobre lo que reflexiona ampliamente flores se refiere a la conformación de dispositivos de control en el discurso pedagógico de las sociedades modernas. En este trabajo hacemos foco en dos textos que atienden a las tensiones entre conocimiento e ignorancia, por un lado, y los procesos de feminización de la docencia y la construcción de la autonomía intelectual. En primer lugar, en "Entre secretos y silencios. La ignorancia como política de conocimiento y práctica de (hetero) normalización" (2008), flores señala que, pese a que el dispositivo de la escuela emerge en la modernidad como lugar de conocimiento frente al oscurantismo medieval, esta institución se organiza en torno a una ficción epistémica que desconoce el carácter social e históricamente orientado de sus enunciados e invisibiliza la dimensiones políticas, sexuales y subjetivas de los mismos (flores, 2008, p. 16). Esto ha dado lugar, por un lado, a la cristalización en el discurso pedagógico del conocimiento como un objeto objetivo, ahistórico, neutral y universal afín a la lógica de la (hetero) normalización y, por otro lado, al despliegue de políticas de negación de los saberes y experiencias que escapan a este modelo. Estamos ante un modelo que se organiza en torno a una pasión por la ignorancia entendida no como una carencia sino como una clara resistencia frente a las consecuencias políticas del reconocimiento de los cuerpos otros. En segundo lugar, en el artículo "Masculinidades lésbicas, pedagogías de feminización y pánico sexual" (2017), se propone interrogar las formaciones políticas, sexuales y de género que atraviesan a las instituciones escolares a través de la recuperación de una experiencia de sí como maestra "chonga" y activista de la diversidad sexual (51). Si, como ya hemos señalado, el dispositivo ideológico de la institución escolar opera a través de una heteronormalización de las subjetividades, la construcción de las identidades docentes son determinadas a través de procesos de feminización que implican técnicas de subordinación, privatización y espacialización del género en las que el miedo y la obediencia son distribuidos de manera desigual (63). Dentro de esta lógica, se hace necesario preguntarse qué relación puede existir entre la experiencia de una corporalidad disidente (en este caso una masculinidad lésbica) y la autonomía intelectual en el trabajo docente. Desde una perspectiva freireana, flores afirma que una pedagogía de la autonomía se organiza en torno a la toma de decisiones y a la asunción de responsabilidades. En una dimensión política, esto supone: "una lucha por las palabras que construyen los relatos (im) posibles de nuestros cuerpos, y su horizonte emancipatorio no puede dejar de asumir y sucumbir a la pregunta siempre "prófuga" sobre qué cuerpos (no) pueden vivir en este mundo y qué saberes (no) pueden existir" (64- 65).

Por último, es importante destacar que flores asume una conceptualización del feminismo que toma distancia respecto de las demandas al Estado para focalizarse en la producción de políticas del deseo, en la proliferación de cuerpos e identidades y en la transformación de la propia vida. Reivindica un feminismo lúdico y creativo como estrategia de ampliar los horizontes políticos (flores, 2010). Entre el goce y la autonomía. Entre la risa irónica y la lucha.

Tráficos, apropiaciones y desplazamientos

Como señalamos en un comienzo, en estas páginas nos hemos abocado a explorar las propuestas críticas de Alejandra Ciriza, Amalia Fischer, Nelly Richard y val flores a partir de la pregunta por la producción de conocimiento desde la perspectiva de los feminismos del sur. Esto supone una interrogación múltiple acerca de los presupuestos políticos e ideológicos que se desprenden del modelo de conocimiento tradicional hegemónico y de la circulación de saberes y los diálogos entre academia y activismos, y además de las relaciones norte- sur y sur- sur.

Por un lado, en el marco de los feminismos marxistas, el pensamiento de Alejandra Ciriza nos ha interrogado acerca de los procesos de construcción de las genealogías individuales y colectivas y de las modalidades a través de las cuales éstas influyen en la legitimación socio- política de las luchas de las mujeres y los grupos subalternos en sociedades tan diversas como las de América Latina. La crítica al capitalismo y su modo de producción de sujetos y subjetividades a partir de la división internacional del trabajo constituye, para la autora, un principio estructurante para la conformación del pensamiento feminista. Amalia Fischer considera también que la comprensión de la globalización y el capitalismo mundial integrado en relación con las ciencias de la complejidad y las tecnociencias permite, desde su subversión crítica, generar herramientas analíticas para la revolución promovida por el movimiento feminista.

Por otra parte, es posible identificar una gestualidad posestructuralista en la producción crítica de Amalia Fischer y de Nelly Richard por cuanto se apropian de algunas herramientas de Gilles Deleuze, Félix Guattari y Jacques Derrida para interrogarse acerca de la irrupción social, política y cultural de los feminismos en América Latina. Fischer instala su pregunta en la conformación política de los colectivos feministas y postula la necesidad de apostar por un diseño rizomático que gira permanentemente para apostar a la construcción de cartografías del movimiento feminista en la región. Richard, en cambio, sitúa sus preocupaciones en las "políticas del significado", es decir, las modalidades de inscripción de la diferencia en el discurso y la práctica cultural. Para la autora, la crítica feminista es un tipo particular de crítica cultural y epistemológica por cuanto examina los regímenes de producción y representación de los signos que escenifican las complicidades de poder entre discurso, ideología, representación e interpretación y, a su vez, es una crítica de la sociedad realizada desde la cultura.

En tercer lugar, la propuesta de valeria flores nos interpela desde el espacio de una disidencia múltiple que hace hincapié en la subversión política y epistémica del goce como práctica de estremecimiento en nuestros (des)aprendizajes de la normalidad heterosexual, racista, patriarcal, capacitista, clasista, colonial, neoliberal. Esto implica enfrentar las preguntas que han sido clausuradas por la demanda de estabilidad y unicidad respecto de la identidad (flores, 2010) y del modelo de conocimiento hegemónico.

Es importante destacar que, más allá de las diferencias entre los posicionamientos críticos de las autoras, sus propuestas se inscriben dentro de una práctica epistemológica crítica que busca desarticular la aparente neutralidad (masculina) del conocimiento a través del análisis del lenguaje de sus discursos (Maffía, 2005). Frente a una tradición de olvidos y exclusiones, el cuerpo de las mujeres interrumpe el tránsito de saberes y reclama un espacio de representación. En este sentido, la idea de pensar/producir teoría desde el sur, desde la periferia, se entiende como una decisión política, un pliegue táctico (Richard, 2009b), que insiste en la proliferación y reconocimiento de relatos alternativos y de experiencias disidentes "…en tanto fuerza desbordante que no se fija a una geografía o a la reivindicación de una identidad cultural particular, pero que porta una historia de subordinaciones y conquistas así como una férrea disposición belicosa de resistencias" (flores, 2017a: s/p).

Bibliografía:

Braidotti, Rosi. (2000) *Sujetos nómades. Corporización y diferencia sexual en la teoría feminista contemporánea.* Buenos Aires, Argentina: Paidós.

Ciriza, Alejandra. (2009). Perspectivas feministas desde América latina: habitar/migrar/tomar la palabra desde el Sur. *Revista Feminaria* (32/33), 3-45.

-------- (2015) Construir genealogías feministas desde el Sur: encrucijadas y tensiones. *Millcayac. Revista Digital en Ciencias Sociales, II* (3), 83-104.

-------- (2016). Mujeres del Sur en Filosofía. Notas para una lectura crítica del canon filosófico. *Solar Revista de filosofía iberoamericana, 12* (1), 121-140.

--------- (2017). Militancia y academia: una genealogía fronteriza. Estudios feministas, de género y mujeres en Mendoza. *Descentrada. Revista interdisciplinaria de feminismos y género, 1* (1), 1-17

Fischer, Amalia. (1998) "Una reflexión: notas sobre uno de los posibles mapas del feminismo latinoamericano. Para ir creando futuras cartografías". En *Encuentros, (des)encuentros y búsquedas. El movimiento feminista en América latina* (s/p), Lima, Perú: Flora Tristan.

--------- (1999). Producción de tecnocultura de género. Mujeres y capitalismo mundial integrado. *Hojas de Warmi*, 10, s/p.

Foucault, Michel, (2004). *Historia de la sexualidad I. La voluntad de saber,* Buenos Aires, Argentina: Siglo XXI.

flores, valeria (2008). "Entre secretos y silencios. La ignorancia como política de conocimiento y práctica de (hetero) normalización", *Trabajo Social* (18), 14- 21. Recuperado el 18 de 08 de 2018, de http://www.revistas.unam.mx/index.php/ents/article/view/19514

------ (2010). "Escribir contra sí misma: una micro- tecnología de subjetivación política". En Yuderkys Espinosa Miñoso, *Aproximaciones críticas a las prácticas teórico- políticas del feminismo latinoamericano* (págs. 211- 228). Buenos Aires, Argentina: En la frontera.

------- (2017a). "La vitalidad poética del disturbio escritural". En valeria flores, *interruqciones. ensayos de poética activista. escritura, política, pedagogía* (pág. S/p). Córdoba, Argentina: Editorial Asentamiento Fernseh. Recuperado el 18 de 08 de 2018, de http://escritohereticos.blogspot.com/2018/06/interruqciones-2-edicion.html

------- (2017b). "Masculinidades lésbicas, pedagogías de feminización y pánico sexual: apuntes de una maestra prófuga". En José Maristany y Jorge Luis Peralta, *Cuerpos minados. Masculinidades en Argentina* (págs. 51- 66). La Plata, Argentina: EDULP.

------- (2018). "Saber es estremecer. Apuntes interrogativos para la descolonización sexo- educativa". En MACBA, *Quadern Educatiu del Macba 2018-2019* (pág. S/p). Barcelona. Recuperado el 18 de 08 de 2018, de escritos heréticos: http://escritohereticos.blogspot.com/2018/08/saber-es-estremecer-apuntes.html

Lazzara, Michael (2009). "Crítica cultural". En Mónica Szurmuk y Robert McKee Irwin, *Diccionario de estudios culturales latinoamericanos* (pp. 61- 67). Ciudad de México, México: Siglo XXI; Instituto Mora.

Maffía, Diana (2007). Epistemología feminista: la subversión semiótica de las mujeres en la ciencia. *Revista venezolana de estudios de la mujer,* (28), 63-98.

Marlani, Ana. (2012). "Alejandra Ciriza. La teoría se encarna en el cuerpo". En Adriana Boria (Coord.). *Itinerarios de la transgresión. Políticas, sujetos y experiencias* (pp. 13- 38). Córdoba, Argentina: Comunicarte.

Precarias a la deriva, (2004). *A la deriva por los circuitos de la precariedad femenina,* Madrid, España: Traficantes de sueños. Recuperado el 21 de 05 de 2019, de Traficantes de Sueños: https://www.traficantes.net/sites/default/files/pdfs/A%20la%20deriva-TdS.pdf

Prigogine, Ilya y Stengers, Isabelle. (1993). *La nueva alianza. Metamorfosis de la ciencia.* Madrid, España: Alianza.

Richard, Nelly. (2003). El conflicto entre las disciplinas. *Revista Iberoamericana, LXIX* (203), 441- 447.

------- (2009a). La crítica feminista como modelo de crítica cultural, *Debate feminista* (40), 75- 85.

------ (2009b). Derivaciones periféricas en torno a lo intersticial, *Nueva Ramona* (9), 24-30.

------ (2018). *Feminismo, género y diferencia(s),* Santiago, Chile: Palinodia.

De díscolas y desviadas: prácticas escriturales para litigar. Subjetividades sexuadas o las marcas de nuestras voces al decir

Valeria Fernández Hasan y Fabiana Grasselli[1]

La indagación en los recorridos díscolos entre academia y activismos en los feminismos del sur nos reunió durante los fríos días de mayo y junio de 2018 en un seminario de lectura y comentario de textos[2] que diseñamos en torno de un conjunto de escritos de pensadoras latinoamericanas y caribeñas con el común denominador de hablar, desde los bordes de lo establecido, de esos/algunos temas de la agenda feminista que incomodan, se postergan o emergen en los diálogos/divergencias de mundos que se encuentran y se expulsan.

Mientras la marea verde se encendía en las calles de Mendoza y Argentina al ritmo de los debates en el Congreso de la Nación por la ley de interrupción voluntaria del embarazo, nosotras proponíamos generar un espacio para pensar las discusiones actuales de los feminismos del sur, reflexionar sobre sus decires, pensares, quehaceres y sentires silenciados/disidentes en nuestra América. Lélia Almeida (2014), Alejandra Ciriza

[1] Ambas autoras contribuyeron en igual medida en la producción de este trabajo y el orden de aparición se corresponde con el arbitrio alfabético, por tanto ambas deben ser consideradas como primeras autoras al momento de difundir y/o citar el mismo.

[2] *Feminismos del Sur: recorridos díscolos entre academia y activismos* fue el nombre del seminario de lectura y comentario de textos que juntas coordinamos las autoras de este escrito en el marco del proyecto de investigación *Feminismos del Sur. Experiencias y narrativas contemporáneas en la frontera academia/activismos*, PICT 2016- 0590- FONCyT / MINCyT.

(2017), valeria flores[3] (2010), Gilda Luongo (2005), Mariam Pessah (2016) y Montserrat Sagot (2010) alzaban sus voces proponiendo la construcción de genealogías fronterizas, pistas y rupturas entre la militancia y la academia, registros escriturales propios para un tipo de conocimiento otro en ese borde/fisura/grieta, no para colarse sino para instalarse y ser sujetas de (re)conocimiento.

La autonomía de nuestros cuerpos, nuestras vidas y el derecho a decidir por ellas era el eje de los intercambios políticos en las sesiones parlamentarias en aquellos meses de 2018. Nuestros discursos, después de décadas de activismo y militancia, habían por fin logrado permear los filtros de la política tradicional y la batalla estaba en el propio Congreso Nacional.

Al son de esa cadencia, que nos acompañaba donde íbamos, encendidas y *enverdecidas*, tan díscolas como el momento lo señalaba, abriendo y tensando nuestros espacios vitales -la academia y el activismo-, nos propusimos identificar los tópicos y las modulaciones de los diálogos/ debates/ conversaciones entre esas pensadoras feministas que *dicen* acerca de esa relación confusa/difusa/límite/ limitante/desafiante entre academia-activismos y lo que allí surge, como producción de conocimiento, como acción política, como acontecimiento, como (re)configuración de subjetividades.

Abiertas, partidas, descentradas, entre el estar y el ser, entre el afuera y el adentro, la calle y las aulas, la misma lógica nos llevó a un planteo en dos ángulos: lecturas e intercambios sobre las escritoras/intelectuales/ pensadoras latinoamericanas y sus producciones, por un lado, y la posibilidad de *decir* a través de prácticas escriturales diversas, ejercicios de escritura individual y colectiva, por el otro. Tanta era la efervescencia, el ruido del viento, la luz de la noche. Como indica valeria flores, "escribir como tarea política nos prueba a pensar los problemas en otras claves, a establecer una distancia crítica con los términos establecidos en fórmulas estatales o convenciones militantes, a subvertir la conformidad y autocomplacencia con los relatos que delimitan y circunscriben los territorios vitales de la imaginación política radical" (flores, 2017: 88). Arrojadas al propio mundo, erotizadas a la búsqueda de lo que no tiene palabras, fuimos tras ellas, dando forma a escritos "contra sí misma" (flores, 2010)

---

[3] El uso de minúsculas que seguiremos a lo largo de este escrito respeta la autodenominación de la autora quien explica esta decisión como una estrategia de minorización del nombre propio y de problematización de las convenciones gramaticales donde se apuesta más al texto que a la autora.

que traemos aquí en sus núcleos significantes de voces corales, series e hipertextualidades para *decir* de esas modulaciones y gestos escriturales.

El cuerpo de la escritura/la escritura del cuerpo

Una constelación de preguntas gravitaba en torno a nuestras lecturas y textos producidos en los encuentros, como una insistencia productiva que combustionaba en nuestros decires a varias voces: ¿cómo escribir sobre nosotras en un lenguaje que nos sea propio?; ¿cómo articular una narrativa feminista?; ¿cómo reconocer las huellas de la corporalidad y la subjetividad sexuadas en los escritos que producimos mujeres y disidencias sexuales? Asediando estos interrogantes debatimos desde las tradiciones que nutren nuestros posicionamientos teórico-políticos, desde las experiencias de cada una con la literatura, pero también, desde nuestra práctica escritural, lo cual significaba para muchas un momento de *salida del closet* como sujetas que escriben. Conversando ardorosamente, a veces aceptando lo provisorio de nuestros intentos, a veces con impaciencia ante las dificultades para dar lugar a los trazos de un pensamiento colectivo, en una lucha erótica con el trabajo de articular algunas respuestas, emprendimos la tarea de hacer un recorrido por las palabras de las ancestras en torno al vínculo entre escritura y feminismo. El itinerario se configuró con textos de Adrienne Rich (1971), Audre Lorde (1984), Teresa De Lauretis (1999) y Josefina Ludmer (1985), en los cuales se presenta una búsqueda incesante por dar cuenta de la escritura de las mujeres y las lesbianas como un lugar de re-subjetivación, supervivencia y subversión.

En el ensayo "Cuando las muertas despertamos: escribir como re-visión" (1971) Rich conceptualiza la escritura de mujeres y lesbianas, que toman la palabra y ponen a circular sus escritos, como un despertar de la muerte o de la conciencia dormida. Ese volver a la vida y abrir los ojos es un ejercicio político, una reivindicación del placer negado de la palabra y un compromiso subversivo contra el silencio como herramienta de opresión patriarcal. Se trata de una mirada hacia el pasado de la cultura y la literatura producida por las otredades de lo masculino entendiéndola como una memoria fragmentaria de la resistencia frente al ahogo de las relaciones sociales heteropatriarcales. Asumir esa re-visión implica mirar con nuevos ojos un "viejo texto" olvidado y rescatado como resto recuperado, que subyace como sustrato y corriente subterránea del cual se nutren nuestras prácticas escriturales. En otras palabras, la propuesta de Rich no sólo se relaciona con tejer los hilos de una tradición de palabras de mujeres y lesbianas, sino con producir un lugar de posibilidad y legitimidad para los decires feministas. Esto se presenta como una tarea urgente para la lucha antipatriarcal puesto que supone un ejercicio de autoconocimiento, de rechazo al carácter destructivo de la sociedad de dominación machista y de nuestro derecho al acto mismo de nombrar el mundo en clave propia (Rich, 1971: 47-48).

> Una crítica radical a la literatura de arranque feminista tomaría el trabajo primeramente como una clave de cómo vivimos, de cómo hemos vivido, de cómo nos han educado a imaginarnos a nosotras mismas, de cómo nuestro lenguaje nos ha atrapado tanto como nos ha liberado, de cómo el acto mismo de nombrar ha sido hasta ahora una prerrogativa masculina y de cómo podemos empezar a ver y a nombrar y por lo tanto a vivir de nuevo (Rich, 1971:48).

En este sentido Audre Lorde también retoma la idea de la escritura como supervivencia bajo la formulación de que para las mujeres "la poesía no es un lujo" sino "una necesidad vital", porque permite inscribir en el orden del lenguaje los deseos de transformación (Lorde, 1984). Son las palabras que aún no existen, aquellas que se le arrebatan a lo que hemos callado y que se convierten en acción política. Nombrar frente al silencio emerge como una labor insoslayable para las feministas, porque el silencio no nos protegerá, porque nuestras palabras son el fundamento de nuestro poder.

Así las cosas, la tensión entre lo callado y lo dicho es para Teresa De Lauretis ese espacio donde es posible el discurso de las mujeres, la contradicción entre una imposibilidad para hablar un lenguaje fundado en su exclusión a priori y su irrenunciable deseo de escritura, "un lugar de nacimiento y muerte, existencia e inexistencia" (De Lauretis, 1999: 17-18) donde lo *no dicho todavía* es el germen de una discursividad desde nosotras. En palabras de Josefina Ludmer, son "las tretas del débil" (1985) esa relación de las mujeres con la escritura que habita en las fronteras entre lo literario y lo no literario, esos espacios textuales donde lo público y lo privado se encuentran en irreverente gesto de impugnación al discurso logoandrocéntrico.

Las mudas hablamos, las muertas despertamos, respiramos nuestras escrituras y las empuñamos como arma.

"Escribir contra sí misma": núcleos de significación como recodos para litigar

No se sale indemne de una escritura que litigue contra sí, señala valeria flores (2010). *Escribir contra sí misma* impulsa una demanda de invención de nuevas posibilidades de vida, renunciar a un lugar seguro, *casa* en todos los sentidos, por otro lugar desconocido en el que se corre riesgo afectivo y conceptual (flores, 2010). *Escribir contra sí misma* en un ejercicio de tensión/incomodidad, como experimento de producción de conocimiento y de des(re) subjetivación ha producido escritos en diferentes registros -académico, personal, de militancia- que revisan límites difusos y alteran/ponen en cuestión locus de enunciación aprendidos, dados por sentados, incuestionados, pocas veces inquiridos. *Cada vez que eso sucede* (Barichello, 2018); *Animala* (Martín, 2018); *Carta a mis yo de tiempos anteriores* (Gómez, 2018); *Indigente* (Celi, 2018); *Contra mí misma* (Duperut, 2018); *(D)escribir(me) contra mí misma* (Yañez, 2018); *Escribir contra mí misma* (Magdalena, 2018); *Las mujeres de mi vida, amontonadas en mi garganta* (Gil, 2018), *La Casa, mudar la Casa, llegar a Casa* (Hasan, 2018), *Juntas* (Fischetti, 2018) conforman el corpus de análisis, diez textos que en clave feminista fueron escritos al calor de la ola verde que crecía y que ahora, como una cadena montañosa, se elevan ante nosotras para derramar sentidos multiplicados.

Desprenderse de una misma, intervenirse para ser sujetas y correr el riesgo es la trama que hilvana palabras en una búsqueda que va de la intimidad a lo político, de los afectos a la invención de prácticas disruptivas, de la piel a la teoría.

Los núcleos de sentido emergentes (fantasmas en oblicuo) que anudan estos *escritos contra sí mismas* aparecen reunidos en tópicos significantes que se repiten de uno a otro: miedo, escritura, libertad, ser una misma, la casa, cuerpo/s, maternidad, abuso/s, amor/vínculos, lo oscuro, la rabia.

Trazar puentes con el *miedo* hasta lo que nunca ha existido, en una genealogía textual y política con Audre Lorde aparece asociado a otros ideologemas en los textos: escribo asustada; angustia serena; estar sola; soy un monstruo que asusta miedo de lo que puedo hacer; oscuridades; no ser lo que esperaba; culpa; habitar, vivir con miedo; habito el miedo o ¿me habita?; parálisis; terror; niña aterrada que calla; temores y silencios; no hay calma; intemperie.

En un diálogo ahogado, las palabras *dicen* lo no dicho a partir de ese umbral de decibilidad entreabierto por el estar una junto a la otra haciendo cuerpo esas "angustias serenas" que nos han dejado a la intemperie a lo largo de nuestras vidas.

El reconocimiento de atravesar el miedo es el primer motor de la lucha, la rebeldía, ser una misma, la libertad. El miedo es miedo del mundo y es miedo de lo que podemos ser, de lo que se nos ha negado.

> Tengo miedo del ademán feroz, de mis dientes filosos, de que la furia ancestral me convierta en animal [...] Tengo miedo de lo que puedo hacer, que nadie golpee mi puerta (Martín, 2018: 3-5).
>
> Dudas, dudas y más dudas; miedos, miedos y más miedos, y la culpa, culpa y más culpa fueron tus oscuros, les abrazaste, peleaste, discutiste, odiaste, amaste (Gómez, 2018: 1).

"El mundo no es un lugar seguro para vivir. Temblamos en celdas separadas en ciudades cercadas, los hombros encorvados, apenas escondiendo el pánico bajo la superficie de la piel" (Anzaldúa, 2004: 77), actualizando en pocas líneas su/nuestra historia.

El miedo (re)aparece también ligado a la escritura, a la palabra, como segundo núcleo sentido en una condensación donde *escribir/escritura* es reencuentro, forma de tramitar, de exorcizar penas, de devenir otra.

Dos núcleos de significación a lo largo de los escritos se repiten o (en) vuelven a la manera de la categoría foucaultiana *serie*: una especificidad del objeto respecto del campo general de discursos sobre el que se recorta y, al mismo tiempo, una regularidad al interior de los textos en análisis en el que dicho objeto aparece diseminado (Foucault, 1996).

> ... soy el miedo que habito, la frustración que me devora, soy la alegría cuando escribo [...] soy cuando escribo, porque al escribir (me) existo, me corporizo, me cuerpo (Duperut, 2018: 1).
>
> ... queremos ocupar las calles y no tener miedo porque no poder doblar por una calle en voz alta también escribe en contra de mí... (Magdalena, 2018: 3).

Escribir, nombrarse y *ser* conforman el primero de esos núcleos de significación: *ser una misma/soy*. Las preguntas se amontan, se alteran, se interponen. Alexander y Mohanty señalan que comprender las diversas construcciones del yo y la identidad en el capitalismo tardío no tiene que ver solamente con identidades fluidas y fracturadas (Alexander y Mohanty,

2004: 145). Desde este punto de vista, se interrogan por las posibilidades reales de las identidades definidas por fuera del contrato heterosexual hegemónico para poner en cuestión el sistema heteronormado de la construcción de la identidad; se preguntan por las prácticas transformadoras; se preguntan así por la articulación de estas prácticas y los feminismos.

Ser una misma/soy retoma los miedos y los desgarra para dejarse ser desde lo monstruoso a los placeres, de las ambivalencias a las garras, de la indigente a la reveladora en prácticas feministas que cuestionan la heteronorma y escriben tras los umbrales de lo dicho/no dicho.

> Circulo por esos lugares cual indigente. No nómade, porque la gente nómade sabe lo que está buscando. Indigente. Deambulando. Perdida, buscando alguna respuesta a alguna pregunta que todavía no puedo formular (Celi, 2018, 1).
>
> Soy mitad perra, mitad no sé qué... La imagen repugnante y grotesca, que no querés ver. Mis colmillos ya no pueden morder el dulce veneno que me das de comer. Ya no lo quiero. Vomito. Gruño. Garras y dientes están listos. Me voy a defender (Martín, 2018: 9).
>
> Soy la madre feminista que anticipa la ambivalencia pero aun así la sufre. Soy la que anhela conectar la potencia de las luchas: la lesbiana, la abortera, la bisexual, la reveladora de violencias y también la poeta frustrada (Yañez, 2018: 2).

Casa, con sentidos ambivalentes pero recurrentes, aparece como el segundo núcleo aglutinante del tipo de la serie foucaultiana en los textos. De *casa* se huye y se acerca. Se distancia de parentescos opresores; se aproxima a una misma; es un juego entre lo singular y lo colectivo, entre el sí misma y el nosotras; habitar lo díscolo, lo defectuoso, el desvío, mudar.

> Escribir contra mí misma es hacerme cargo de los lugares desde donde la casa, mi casa, se mudó. Esos lugares que no quiero volver a habitar. Que habité y que mudé (Celi, 2018: 1).
>
> Mudar (me/nos) la Casa. Yo/muchas/todas, con mi nombre lo escribo. Me hago cargo, me intervengo, perforo hacia afuera, hilvano los huecos (Hasan, 2018: 1).
>
> Soy la que sabe que la casa es la comunidad de las excéntricas. Soy la que elige el desvío. Incesantemente (Yañez, 2018: 2).

Amor/vínculos resulta un núcleo de sentido que se repite junto a figuras contrapuestas como libertad/posesión; convivencia/reciprocidad; soledad/compañía; silencio/omisiones. Escribir contra sí mismas refleja más un gesto de búsqueda y (des)encuentro para un tiempo de afectividades entreabiertas en narrativas políticas feministas que relatos de amores íntimos en clave romántica.

> La gente sigue sin entender por qué estoy sola en navidad, me escondo entre vos y las lucecitas del árbol y me quedo ahí esperando otro año para que nazca finalmente una dedicatoria que contenga todas las letras de tu nombre (Magdalena, 2018: 4).

> … soy el abrazo suyo, y su calor, soy el odio, y el dolor en el odio, el resentimiento y el llanto, soy ese recuerdo que no puedo soltar porque si lo suelto (siento que) me suelto… (Duperut, 2018: 2).

> … alguien que te diga que está bien ser como sos, y que no te sientas sola en esa situación. Porque nunca lo estamos, somos las que somos y nos acompañamos, con solidaridad, compañerismo, sororidad y unidas en la resiliencia (Gómez, 2018: 1).

Los núcleos de sentido *cuerpo/s* y *maternidad* aparecen asociando sexualidad, erotismo, subjetividad sexuada y experiencia. Volvemos aquí a Luongo, quien parte de una maternidad en los mismos términos, en tanto diversa, plural, disímil. "Kristeva nombra a la maternidad como pasión, una que nos puede enloquecer pero sanarnos" (Luongo, 2018: 411).

Los núcleos significantes de los textos en estudio se acompañan de imágenes que anclan los sentidos: huellas del tiempo, el sexo, madre-hija, puerperio, opresión, silencios.

> Soy la que hizo un doctorado sobre el parto institucional para elegir parir en casa y hacer del nacimiento del hijo un rito de pasaje para darse luz también a sí misma. Soy la que caminó con niño nuevito sintiendo el tironeo del cordón -la placenta todavía adentro- y ahora entiende que ese tironeo es una definición bastante certera de la experiencia de maternar (Yañez, 2018: 1-2).

> La miro, la observo, a veces como de costado, disimulando, para que no repare en mi mirada y yo pueda disfrutar de ese instante que se repite en mi éxtasis pupilar de madre con el pasar de las horas, los días, los años […] ¿En qué momento dejé de llevarla yo, de la mano, para que no nos perdiéramos entre la gente? (Fischetti, 2018: 1).

El núcleo de significación *acoso/abuso* aparece en los escritos a través de isotopías secundarias relativas a heridas, sangre, oscuridades, tocamientos, miedos, terror, violencias.

> Brota sangre de mis pechos. Ese día en el patio de la escuela mientras me apoyaba y miraba con su mirada perversa. Brota sangre de mis pechos. Ese día en su casa mientras el padre de mi amiga me manoseaba con tan sólo 12 años. Brota sangre de mis pechos. Ese día en la calle mientras el hombre mostraba su cosa... (Barichello, 2018: 1).

Finalmente, la *rabia feminista* es un núcleo de sentido, que junto al activismo organizado y la lucha contra todas las violencias, aparece como efecto de estímulo y motor en los escritos contra sí misma. Las modulaciones utilizadas alternan las estridencias con los decires moderados, el énfasis de la exageración entusiasmada y la decibilidad tranquila de la experiencia vivida. La *rabia feminista* aglutina las promesas de libertad y los mapas a recorrer, los hartazgos y la revuelta.

> Generaciones calladas y oprimidas de mujeres, mis mujeres amontonadas en mi garganta, hacen temblar mis manos, entrecortan mi voz. Cada vez que leo 'Dedicatorias' ellas gritan y salen y sueltan. Yo lloro mis, sus, nuestras opresiones; mis, sus, nuestros silencios obligados. Sostengo el fuego para que el agua del llanto nos calme la sed (Gil, 2018: 1-2).
>
> No se sale indemne. Contra mí misma, floto, (me) intimo, (des) corro, me toco. Insumisa, a veces grito, destemplada, distraída miro, siempre lloro (Hasan, 2018: 1).
>
> De eso se trata la rabia feminista de decir no nos basta nada. No nos alcanzan los privilegios ni las instituciones ni sus políticos, ni los novios. No hay excusas suficientes ni bastante silencio ni perfume a jazmín; queremos flores ¿Desde cuándo bastan las miradas? Queremos ocupar las calles y no tener miedo porque no poder doblar por una calle en voz alta también escribe en contra de mí (Magdalena, 2018: 3-4).

Consideraciones finales: Hacia la revuelta

Una política escritural como contramapa de la identidad (flores, 2010) supone producciones escriturales de un orden otro. En esos límites difusos entre la academia y el activismo que nos desafían a permanecer alterando y a salir diciendo, la teoría desde estos márgenes sólo puede comprenderse como una producción colectiva. Decirse sola es lo que se espera de nosotras, negando lo que en nosotras exuda la clase, el género, la racialización y contra nosotras, en una batalla que nos trasciende hacia atrás en genealogías con nombres propios y hacia delante con los nuestros en primera persona.

Esta polifonía escrituraria que presentamos ha recogido las voces y los testimonios de un espacio en dos tiempos, el seminario *Feminismos de Sur: recorridos díscolos entre academia y activismos*, sus lecturas, comentarios y escritos y las producciones textuales emanadas de esos encuentros de 2018 que hicieron pie en las provocaciones iluminadas (¿excreciones?) de valeria flores y su "Escribir contra sí misma: una micro-tecnología de subjetivación política" (2010). Si el lenguaje siempre es social, los diez textos aquí reunidos y analizados desde una perspectiva situada y feminista muestran cuánto resuenan las palabras de las otras en cada una, cuánto de la sexuación se cuela en nuestras prácticas escriturales. Tal como señala Rich (1971) se trata, entonces, de empezar por cómo vivimos hasta poner en cuestión el lenguaje mismo que ha configurado el mundo, que nos ha atrapado/liberado, para desde allí hacer la revuelta y empezar de nuevo, con palabras propias, desde categorías y poéticas que hablen de nosotras, nuestras afectividades, sexualidades, erotismos y desvíos. Se trata de insistir, tercamente, hasta que la poesía ingrese en los márgenes de comprensión de la teoría y la teoría hable los acentos de la casa de las excéntricas.

Referencias

Alexander, M. Jacqui y Mohanty, Chandra Talpade (2004) "Genealogías, legados, movimientos". En *Otras inapropiables. Feminismos desde las fronteras*. Madrid: Traficantes de sueños.

Almeida, Lélia (2014) *Amora; Medo dos cães; Mujeres hambrientas; Quem cuida das nossas meninas?; Volver*. Selección de textos.

Anzaldúa, Gloria (2004) "Los movimientos de rebeldía y las culturas que traicionan". En *Otras inapropiables. Feminismos desde las fronteras*. Madrid: Traficantes de sueños.

Barichello, Emilia (2018). *Cada vez que eso sucede*. Producción en el marco del seminario Feminismos de Sur: recorridos díscolos entre academia y activismo. PICT 2016- 0590 Feminismos del Sur. Experiencias y narrativas contemporáneas en la frontera academia/activismos FONCyT / MINCyT. s/e.

Celi, Alejandra (2018). *Indigente*. Producción en el marco del seminario Feminismos de Sur: recorridos díscolos entre academia y activismo. PICT 2016- 0590 Feminismos del Sur. Experiencias y narrativas contemporáneas en la frontera academia/activismos FONCyT / MINCyT. s/e.

Ciriza, Alejandra (2017). "Militancia y academia: una genealogía fronteriza. Estudios feministas, de género y mujeres en Mendoza". En *Descentrada*, vol. 1, nº 1, e004, Universidad Nacional de La Plata.

De Lauretis, Teresa(1999). "La tecnología del género". En *Diferencias, Etapas de un camino a través del feminismo. Cuadernos Inacabados*, Nº 35. Madrid: Horas y horas

Duperut, Carelí (2018). *Contra mí misma*. Producción en el marco del seminario Feminismos de Sur: recorridos díscolos entre academia y activismo. PICT 2016- 0590 Feminismos del Sur. Experiencias y narrativas contemporáneas en la frontera academia/activismos FONCyT / MINCyT. s/e.

Fischetti, Natalia (2018).*Juntas*. Producción en el marco del seminario Feminismos de Sur: recorridos díscolos entre academia y activismo. PICT 2016- 0590 Feminismos del Sur. Experiencias y narrativas contemporáneas en la frontera academia/activismos FONCyT / MINCyT. s/e.

flores, valeria (2017) *Tropismos de la disidencia*. Santiago de Chile: Palinodia

flores, valeria (2015) *Con los excrementos de la luz. Interrogantes para una insurgencia sexo-política disidente*. Panel: Legislaciones estatales y disidencias sexuales. Repensando las esferas de lucha de los movimientos sociosexuales. 7mo Foro Nacional de Educación para el Cambio Social- ENEOB. Córdoba.

flores, valeria (2010). "Escribir contra sí misma: una micro-tecnología de subjetivación política". En Espinosa, Yuderkys (coord.) *Aproximaciones críticas a las prácticas teórico-políticas del feminismo latinoamericano*. Buenos Aires: En la frontera.

Foucault, Michael (1996). *El orden del discurso*. Madrid: La Piqueta.

Gil, Soledad (2018). *Las mujeres de mi vida, amontonadas en mi garganta*. Producción en el marco del seminario Feminismos de Sur: recorridos díscolos entre academia y activismo. PICT 2016- 0590 Feminismos del Sur. Experiencias y narrativas contemporáneas en la frontera academia/activismos FONCyT / MINCyT. s/e.

Gómez, Mandy (2018). *Carta a mis yo de tiempos anteriores*. Producción en el marco del seminario Feminismos de Sur: recorridos díscolos entre academia y activismo. PICT 2016- 0590 Feminismos del Sur. Experiencias y narrativas contemporáneas en la frontera academia/activismos FONCyT / MINCyT. s/e.

Hasan, Valeria (2018). *La Casa, mudar la Casa, llegar a Casa*. Producción en el marco del seminario Feminismos de Sur: recorridos díscolos entre academia y activismo. PICT 2016- 0590 Feminismos del Sur. Experiencias y narrativas contemporáneas en la frontera academia/activismos FONCyT / MINCyT. s/e.

Lorde, Audre (1984). "Poetry is not a luxury". En *Sister Outsider*. Berkeley: Crossing Press.

Ludmer, Josefina(1985). "Las tretas del débil". En Patricia González y Eliana Ortega (eds.), La sartén por el mango. Puerto Rico: Río Piedras. Disponible en: http://www.isabelmonzon.com.ar/ludmer.htm

Luongo, Gilda (2018) *Paso de pasajes. Crítica feminista*. Santiago de Chile: Tiempo Robado editoras.

Luongo, Gilda (2005). "Contrapunto para cuatro voces: Emergencias privadas/ urgencias públicas en la escritura de mujeres". En *Signos*. Vol. 38, N° 57.

Magdalena, Cecilia (2018). *Escribir contra mí misma*. Producción en el marco del seminario Feminismos de Sur: recorridos díscolos entre academia y activismo. PICT 2016- 0590 Feminismos del Sur. Experiencias y narrativas contemporáneas en la frontera academia/activismos FONCyT / MINCyT. s/e.

Martín, Laura (2018). *Animala*. Producción en el marco del seminario Feminismos de Sur: recorridos díscolos entre academia y activismo. PICT 2016- 0590 Feminismos del Sur. Experiencias y narrativas contemporáneas en la frontera academia/activismos FONCyT / MINCyT. s/e.

Pessah, Mariam (2016). *Es posible dejar de ser activista?* mimeo.

Rich, Adrienne ([1971]2010). "Cuando las muertas despertamos". En *Sobre mentiras, secretos y silencios*. Madrid: Horas y horas.

Sagot, Montserrat ([2010] 2019). "Construcción del conocimiento feminista en Centroamérica: diálogos, rupturas y continuidades entre la militancia y la academia". En Boletín GEC, N° 23, UNCUYO.

Yañez, Sabrina (2018). *(D)escribir(me)contra mí misma*. Producción en el marco del seminario Feminismos de Sur: recorridos díscolos entre academia y activismo. PICT 2016- 0590 Feminismos del Sur. Experiencias y narrativas contemporáneas en la frontera academia/activismos FONCyT / MINCyT. s/e.

Lenguaje inclusivo: de abrir el todos al uso de la "e". Reflexiones al calor de la Ola Verde

Ana Soledad Gil[1]

Experiencia reciente y punto de vista

Motivan este escrito diversos acontecimientos ocurridos en la mitad del año 2019 en Argentina. Algunos tienen cortes más personales, otros han repercutido en diversos espacios públicos y mediáticos. Todos apuntan a la batalla álgida que se produce entre quienes apostamos a la utilización de un lenguaje inclusivo y quienes reaccionan desde concepciones ideológicas tradicionales y conservadoras que dejan entrever una fuerte misoginia, homofobia, transfobia. A raíz de una capacitación que impartíamos en la Facultad de Ciencias políticas y Sociales de la Universidad Nacional de Cuyo, destinada a periodistas, fuimos invitadas a participar de un programa radial emitido los sábados por la mañana por *LV10*, una tradicional emisora que está entre las más escuchadas en la provincia de Mendoza. Durante la entrevista que duró aproximadamente, media hora, quienes estaban a cargo de la conducción del programa iban intercalando las opiniones de "la gente" al aire en vivo. El 99% de las mismas mostraban un posicionamiento en contra de la utilización de un lenguaje

[1] CONICET/UNCUYO – soledadgil01@yahoo.com.ar. Es comunicadora, feminista y mamá de Franco. Actualmente, investigadora del CONICET y docente de la UNCuyo. Sus preocupaciones siempre han girado en torno a la discriminación, las desigualdades de género, las violencias patriarcales vinculadas con el lenguaje, las construcciones discursivas y los sentidos sociales. En otro orden, escribe, estudia astrología y ama la radio.

inclusivo basadas en ideas tales como "*están deformando el lenguaje*", "*el todos incluye a varones y a mujeres*", "*hay cosas más importantes de atender que al lenguaje*". Sólo una opinión de una persona que se definió como sodero fue positiva en tanto que al relatar su experiencia dejó en claro que como sus principales compradoras son mujeres, el dejó de decirles "clientes" para llamarlas "clientas". De eso se trata… estos son los lentes que tenemos que empezar a utilizar para poder dar cuenta de realidades que de otra manera quedan ocultadas.

Los discursos reaccionarios no hacen más que reforzar el androcentrismo existente, naturalizado y legitimado por instituciones como la RAE, las escuelas, las iglesias, los estados. Por ejemplo, el comentario de un lector del Diario *Los Andes* de Mendoza:

> ni loco, eso no es inclusivo sino todo lo contrario, están usando una palabra que confunde más de lo que aclara. Si decís todas, se entiende que se trata de mujeres, si decís todos, se entiende que se trata de mujeres, hombres, perros, extraterrestres porque los hombres no tenemos problema en compartir una palabra que parece sólo para hombres con el resto de seres vivos. Tomamos un pedacito del todos y compartimos el resto con el resto. Eso es incluir.

En el ámbito personal, fui a una presentación artística en la que participaba mi sobrina. Se trató de una muestra de danzas en la que, el 100% de las participantes eran niñas. El cartel de bienvenida decía en letras muy grandes "*TodOs bailan y yo también*". Esa construcción es errónea. En ese escrito de bienvenida la mirada es ciega a las niñas que son las que estaban bailando en dicha presentación.

A nivel de repercusiones públicas y mediáticas, una docente mendocina saludó a lxs estudiantes con la "e". Padres, madres, docentes empezaron a perseguirla y la Dirección General de Escuelas la trasladó de colegio. Todo esto ante la lente de los medios que no dudaron en construir estos acontecimientos como un ejemplo aleccionador para todxs mientras que ocultaban información tan importante como que en Argentina se han sancionado leyes que buscan la inclusión y el reconocimiento de los derechos de todEs: Ley Nacional de Educación Sexual 26.150 (2006), Ley de Identidad de Género 26.743 (2012), y los lineamientos curriculares para la ESI (2018). Ya no es tanto un asunto lingüístico, ni mucho menos un conflicto pedagógico que deba ser dirimido por las reglas de la Real

Academia Española, sino más bien un avance en materia de educación, en materia de humanidad.

Dicho todo lo anterior, es necesario dejar asentado que cuando referimos a lenguaje inclusivo y no sexista, estamos diciendo que existen numerosas herramientas y recursos amplios a los que podemos acudir para construir comunicaciones y discursos que no discriminen, degraden u oculten. La polarización de opiniones instalada por los medios hegemónicos de comunicación como si se tratara de un River-Boca es falaz y distorsionadora de lo que conlleva la temática.

En las próximas páginas buscamos echar luz sobre un asunto que no es nuevo pero que se ha reactivado al menos en Argentina, al calor de la Marea Verde.

El contexto y algunas preguntas iniciales

Desde 2015 con la irrupción de #NiUnaMenos, convertida en fecha obligada del calendario feminista, hasta el tratamiento de la ley de interrupción voluntaria del embarazo en el Congreso de Nación a mediados de 2018, el crecimiento exponencial de la visibilidad de los temas de la agenda feminista no se ha detenido. En este sentido, se ha producido un ensanchamiento de la contestación discursiva (Fraser, 1992) por parte del activismo feminista que, sobre todo en Argentina, ha tenido como consecuencia más inmediata el tratamiento de los temas urgentes de la agenda feminista en diferentes ámbitos, desde los medios masivos de comunicación hasta las redes sociales, pasando por las aulas y desestabilizando estructuras tan arraigadas como el lenguaje. En el sentido de Marc Angenot (2010), el discurso dice aquello que es posible a partir de lo que se denomina condiciones históricas de decibilidad. Es decir, según el contexto histórico, político, ideológico algunos signos encuentran condiciones para asomar a la arena de los sentidos sociales.

Me interesa reflexionar sobre el lenguaje inclusivo y no sexista[2] haciendo foco en la genealogía de la problemática para recuperar los principales aportes de las teorías feministas y de género en relación a ella, dando cuenta de que no se trata de algo que "está de moda" ni mucho menos de imposiciones. Considero que, desde la abertura del "todos" para cuestionar

[2] Un lenguaje sexista supone la mención de las mujeres y disidencias como seres inferiores y devaluados. Las mujeres tienen en los discursos una posición subordinada y discriminatoria.

la invisibilización de las mujeres en construcciones discursivas que no son neutrales sino, todo lo contrario, responden a miradas patriarcales y androcéntricas[3], hasta la emergencia –en el sentido de emergente– del uso de la 'e' por parte de las generaciones más jóvenes que buscan romper con las ideas binarias de género, mucho se ha dicho, estudiado y analizado acerca de la importancia del lenguaje en la conformación de sentidos socio-culturales, de su potencial transformador, de su relación con las experiencias concretas de las personas.

Entonces, ¿de qué hablamos cuando hablamos de lenguaje inclusivo? ¿Es una imposibilidad? ¿Sólo juega como ese horizonte al que no se llega pero que nos permite avanzar? ¿Por qué sostenemos quienes estudiamos/activamos asuntos feministas, de género que las transformaciones en torno del lenguaje son importantes?

El lenguaje y los mundos posibles

Las palabras construyen sentido, expresan ideas del mundo, valores. Es a través de las palabras que podemos discriminar, ocultar, invisibilizar o, por el contrario abrir nuevos horizontes, ensanchar los límites con los que comprendemos y conocemos. Es decir, desde esta concepción acerca del lenguaje, entendemos que no estamos frente algo estático, dado de una vez y para siempre, sino que se trata de un material con propiedades mutables, que se transforma, dinámico, vincular.

Como sabemos, desde lo que se conoció como el "Giro Lingüístico"[4] el lenguaje adquirió gran centralidad en el mundo de las ciencias, particularmente en las sociales y humanas por su importancia en la conformación subjetiva y en la construcción ideológica. Desde este punto de inflexión sobre las concepciones del lenguaje, se comenzó a saber que las experiencias, percepciones y subjetividades individuales y colectivas están atravesadas por el lenguaje y de allí la importancia de poder vincular las transformaciones en la vida concreta de las personas con el orden discursivo de una sociedad, en un determinado momento histórico.

[3] Hace referencia a la ocultación, es una visión parcial y determinada del mundo que se presenta como universal cuando en realidad es masculina.

[4] La expresión giro lingüístico ha estado de moda durante los años setenta y ochenta para caracterizar cierta inflexión que se produjo en filosofía y en distintas ciencias humanas y sociales, que se tradujo en una mayor atención al papel que desempeña el lenguaje, tanto en los propios planteamientos de esas disciplinas como en la formación de los fenómenos que suelen estudiar.

En nuestros estudios, nos basamos en la concepción bajtiniana del lenguaje la cual critica a la saussuriana que concibe al signo lingüístico como una entidad arbitraria cuyo valor estaría dado por oposición. Por el contrario, el llamado Círculo Bajtín asegura que el lenguaje no existe por fuera de una comunidad y, además, un o una sujeto nunca usa el lenguaje de manera neutral, siempre está *orientado y* conlleva las marcas de quien habla, de género, de clase, raza y de conflicto. Desde este marco, la categoría de *signo* es central porque en él está la ideología de quien lo usa y transmite. Según Valentín Voloshinov (2009), donde hay signo hay significación y, por lo tanto, ideología dado que, a todo signo, pueden aplicársele criterios valorativos. Además, afirma que el signo sólo puede surgir en un territorio interindividual, territorio que no es "natural", en el sentido literal de la palabra, sino que es necesario que los individuos estén socialmente organizados, que representen una comunidad, un colectivo. Dice Voloshinov (2009) que el signo por excelencia es la palabra porque no sólo representa un signo puro y ejemplar, sino que aparece como neutral, por ejemplo, con respecto a la función ideológica, sea científica, religiosa, moral. En suma, el intelectual advierte que la palabra es el material sígnico de la vida interior, de la conciencia (el discurso interior), es decir, la conciencia sólo puede desarrollarse al disponer de un recurso tan elástico como la palabra.

Cuando hablamos de desigualdades de género, no sólo referimos a que las mujeres ganamos menos que los varones por igual trabajo o que las tareas domésticas y de cuidado siguen recayendo en su gran mayoría sobre las mujeres o que mujeres, personas feminizadas o personas trans siguen siendo víctimas de las más crueles violencias patriarcales, también hacemos referencia a la desigualdad existente en el orden de lo simbólico, en los lugares que ocupamos en los discursos sociales, o en otros palabras, en la economía de los intercambios simbólicos, en términos bourdianos.

En ese sentido, si el lenguaje nos oculta, invisibiliza o degrada estamos frente a lo que conocemos como violencia simbólica, una categoría teórica pero también jurídica en Argentina ya que está contemplada en la ley nacional 26484[5] como un tipo de violencia contra las mujeres. Desde

---

[5] Nuestro país, en cumplimiento de las convenciones y tratados internacionales ratificados y, en consonancia con la lucha de los movimientos de mujeres/feministas, sancionó en abril de 2009, Ley Nacional N° 26.485 *"Violencia Contra La Mujer. Prevención, Sanción y Erradicación"*. La norma fue celebrada por distintos organismos internacionales dada su mirada integral sobre el problema. La norma define a la vio-

los aspectos teóricos, Rita Segato (2003) ha establecido que se trata de esa "argamasa" que posibilita que otras violencias sean posibles, casi legítimas y muy naturalizadas.

Entonces, entendemos que transformaciones en cuanto a derechos humanos en las que trabajamos fuertemente por la erradicación de las violencia patriarcales que afectan a mujeres, niñas, jóvenes y personas disidentes sexuales, el lenguaje se convierte en una herramienta fundamental para poder nombrarles, visibilizarles, reconocerles en la arena discursiva de un determinado orden social.

Lenguaje, género y feminismos

Según el Diccionario de estudios de género y feminismos, los feminismos han abordado el problema desde distintos aspectos: se han preguntado sobre la relación entre las mujeres y las escrituras, han sido criticadas las teorías clásicas del lenguaje por androcéntricas y se ha investigado fuertemente en torno al sexismo que yace en el lenguaje (Gamba, 2009:185).

Podemos visualizar la crítica hacia usos androcéntricos y sexistas del lenguaje desde la llegada de los Estudios de la Mujer a la academia. Los *Women's Studies* se iniciaron en los países altamente industrializados e irrumpieron en las sociedades donde la conflictividad específica de género ya había permeado el discurso social ante la presión de un colectivo de mujeres y, en especial, del movimiento feminista. Los Estudios de la Mujer, básicamente, estuvieron orientados a cuestionar el cuerpo de conocimientos acumulado o saber científico tradicional, es decir, construido desde un enfoque androcéntrico. También, buscaron resignificar el conocimiento científico no como patrimonio masculino sino universal; re categorizar la cultura a partir de la dialéctica sexual como una construcción del mundo donde las mujeres son excluidas como sujetos o incluidas de forma subordinada al varón; analizar las relaciones de poder centradas en el sexo, la edad, la raza, la clase y la nacionalidad así como también interrogarse en torno a la hegemonía viril y las formas del ordenamiento hegemónico de la vida social, entre otros tantos objetivos. El producir conocimiento desde la teoría de las mujeres permitió abordar una multiplicidad de temas que resultaron importantes para la vida concreta de las mismas.

---

lencia simbólica como la que a través de patrones estereotipados, mensajes, valores, íconos o signos transmita y reproduzca dominación, desigualdad y discriminación en las relaciones sociales, naturalizando la subordinación de la mujer en la sociedad.

Desde el abordaje de la vida cotidiana y la producción y reproducción de las jerarquizaciones de género, las prácticas económicas de las mujeres analizadas desde la división sexual del trabajo, estrategias de sobrevivencia y sus efectos en la vida familiar y comunitaria, formulación de políticas públicas dirigidas hacia las mujeres, hasta el análisis de la subjetividad de las mujeres en el marco de la opresión de género, entre otros (Bellucci, 1992:34).

Dentro de esos temas, la cuestión del lenguaje fue central en tanto que es un conjunto de operaciones mediante las cuales nuestra lengua se presenta como "neutral" pero reuniendo sucesivas referencias hacia los varones y negando a las mujeres. La crítica feminista abrió el "todos" y se preguntó por las mujeres en los cientos de relatos de la historia, la filosofía, las ciencias, las artes, la educación, etc.

Para sumar a esta línea argumentativa, Teresa De Lauretis (1996) señala que la lingüística estructural ha analizado al sujeto como sexualmente indiferenciado, como algo que no tiene relevancia en las relaciones de poder y de discurso. Julia Kristeva (1981) se separa de la noción de lengua sausseureana porque no está de acuerdo con que se trate de algo homogéneo y se sitúa en la perspectiva de Voloshinov respecto de la lengua y la ideología. Patrizia Violi (1991) revisa las teorías lingüísticas tradicionales y busca pensar un sujeto femenino. Parte de entender que no existe teoría del lenguaje que no suponga una noción de sujeto y propone que el/la sujeto de la enunciación no es una entidad abstracta sino que se trata de un/a/e individuo real con sus determinaciones: físicas, síquicas, históricas y experienciales.

Feminismos del sur

Lo dicho en el apartado precedente acerca de las críticas y aportes de los feminismos a los estudios sobre el lenguaje también encuentra lugar en pensadoras/activistas del sur como es el caso de Marcela Lagarde quien en su escrito "El feminismo en mi vida. Hitos, claves y topías" (2012) refiere al problema del lenguaje sexista de manera continuada página tras página dando a entender que no es posible pensar/escribir/activar desde los feminismos, en pos de los derechos humanos de las mujeres, por una vida libre de todas las violencia, sin detenernos en la forma en la cual utilizamos el lenguaje. Lagarde afirma que

> En la cultura patriarcal la humanidad de las mujeres está fincada en la
> desocupación del centro del mundo y de la vida, en la expropiación del
> cuerpo y de la subjetividad, y en su apropiación y subordinación por
> parte de los hombres y los poderes. La humanidad de las mujeres sólo es
> reconocida si su existencia es reducida a la sexualidad, a la inferioridad
> y a la minoridad. Por eso, cuando somos subsumidas en lo humano, se
> nos asigna como condición de género y contenido de vida personal *ser-
> para-otros y de-otros* (2012:28).

Por eso rescata la palabra *"humana"* y dice es la más bella de las palabras de nuestra lengua renovada por los feminismos.

> Ha sido enunciada por mujeres que siendo lo que somos deconstruimos
> y desaprendemos, innovamos y conservamos, y creamos para deliberar
> nuestras vidas y nuestro mundo. La palabra humana plasma no sólo la
> utopía extendida a todas, el deseo fantástico trasladado al futuro, sino el
> topos: lo real, el aquí y ahora, el presente como espacio de la existencia,
> los pasos concretos, los tropiezos, la palabra, el balbuceo, las dudas, los
> equívocos y lo que firmemente entreveramos (Lagarde, 2012:28).

Para la pensadora, es clave para una epistemología feminista, el lenguaje y la forma de nombrar (nos) por eso exhorta a dejar a un lado "el
lenguaje sexista, el lenguaje machista y masculinista, el humor misógino
y las diversiones y aspiraciones que conducen a reproducir dominación
y opresión. Se trata de modificar prácticas de vida comunitaria, familiar,
de pareja, laboral, educativa, ciudadana" (2012:114).

> Que la a de seres humanas sea capaz de nombrar y hacer reconocible a
> cada mujer en cada uno de los nombres de las mujeres, en cada oficio y
> cada obra de las mujeres, en todas las situaciones vitales, en nuestras ne-
> cesidades y nuestros deseos, y en todas las abstracciones simbólicas para
> referirnos a nosotras mismas y ser referidas (Lagarde, 2012:64).

Lagarde apunta a visibilizar esa "a" de la disidencia ya que es una
forma de reconocer que varones y mujeres no están en posiciones iguales
ante el lenguaje sino que por el contrario, entre ambos términos existen
jerarquías en las que la articulación está dada entre uno que es el sujeto
y la otra que es el objeto. En otras palabras, uno es definidor y la otra su
negación (Yañez y Grasselli, 2018).

La emergencia de la x, el @ y la e

El largo camino que han iniciado los feminismos en la academia, en los medios de comunicación, en las instituciones públicas, haciendo visible el androcentrismo y el sexismo lingüístico da cuenta de una "gran fuerza nominativa, en tanto praxis narrativa y política, para crear un lenguaje-otro capaz de producir palabra colectiva para el reconocimiento de las violencias y los silenciamientos" (Yañez y Grasselli, 2018:269). En este sentido, como decíamos al comienzo de este escrito, desde 2015 con el acontecimiento #NiUnaMenos hasta el 2018 con la Marea Verde, el ensanchamiento discursivo que tuvieron los feminismos ha logrado permear estructuras tan arraigadas como el lenguaje. Dicho de otro modo, la discusión en torno al lenguaje se reactivó e instaló en el país, al bramido de la ola verde[6].

El profesor de Lengua y Literatura Gastón Bandes (2019) afirma en una reciente publicación que "la propuesta de usar como marca de género gramatical la terminación –*e*, la cual subsumiría en sí no sólo lo femenino y lo masculino en tanto construcciones sociales sino también cualquier género no binario (lo trans, lo queer), es algo históricamente inédito". En tal sentido, desde los estudios de género y el activismo LGTBI[7], el acento está puesto en nombrar identidades, experiencias, formas de habitar el mundo que no responden a la bicategorización del género tratando de traer a escena variaciones que son irreductibles a la comprensión hetero-centrada del mismo. El uso, primero de la "x" y luego de la "e", viene a mostrar que el género no puede ser reducido sólo a dos categorías fijas y estáticas dadas las múltiples experiencias sexogénericas que habitamos.

Al respecto, la filósofa feminista Diana Maffía, sostiene que lo primero es reconocer que estamos frente a un problema cuando usamos el genérico masculino pero que no es el único al intentar saldar los problemas de la

[6] Es ilustrativa la entrevista que dio la vicepresidenta del centro de estudiantes del Colegio Carlos Pellegrini (Buenos Aires, Argentina) con motivo de las acciones que llevaban a cabo les estudiantes en apoyo al debate que se daba en el Congreso Nacional por la legalización y despenalización del aborto. En ese momento, la entrevista se viralizó rápidamente en redes sociales y reactivó el debate por los usos del lenguaje. «Algunes», en vez de algunos o algunas; "diputades", por diputadas o diputados; "les padres y madres", en reemplazo de los padres y las madres; "les estudiantes", por las estudiantes y los estudiantes; "les alumnes", "indecises", fueron algunos de los cambios que hizo Natalia Mira. Entrevista Disponible en https://www.youtube.com/watch?time_continue=2&v=IwozaE24z_w (Consultado el 15/7/2019).

[7] Lesbianas, gays, personas trans, intersexuales, bisexuales.

inclusión y el binarismo. El uso de la "e" (o de la "i") brinda un "paraguas más amplio" (en Carbajal, 2018). Es decir, se trata de un reclamo por la plasticidad del lenguaje para poder nombrar estos flujos de experiencias que han estado históricamente innominadas. Hay que mencionar que distintas reacciones conservadoras y violentas se despiertan en el marco de estas transformaciones. Según Bandes (2019), a modo de hipótesis, esto tiene que ver con que, "el llamado lenguaje inclusivo apunta directamente al nivel gramatical, que hasta ahora se mantenía intocable, marmóreo, porque lo que se estaría transformando es nada menos que -como bien dijo el lingüista Enrique Menéndez- un morfema[8]" y continúa su argumentación

> el lenguaje inclusivo, cambiando el régimen gramatical del género, es radicalmente revolucionario, porque dispara contra el centro mismo del sistema, plantea un 180° de la lengua por fuera del orden supuestamente natural en que parecía estar basada, es decir, el que impuso el saber del Imperio, la raza, el capital y —el más viejo y arraigado de todos los sistemas de opresión- el patriarcado (Bandes, 2019).

Para terminar y relacionado, Maffía (2012) afirma que "hay muchos recursos prácticos[9] para evitar el sexismo, pero antes debemos tomar la decisión de hacerlo, considerar que es importante que la lengua no invisibilice ni subordine a parte de la humanidad bajo la hegemonía de una minoría poderosa". Y al referirse a esa minoría poderosa hace alusión a que, para evitar el sexismo y la discriminación en el lenguaje, es necesario poder dar cuenta también de las identidades travestis, intersexuales y transgéneros a través del eso de la "e", la "i" o cualquier otra forma que pueda emerger en ese sentido.

---

[8] Por ejemplo, la –s que le ponemos a los plurales, es un morfema, también las distintas terminaciones que tienen los verbos conjugados según su tiempo, modo y persona (Bandes, 2019).

[9] Son muchos y diversos los manuales y guías disponibles para la utilización de un lenguaje no sexista, inclusivo: de organizaciones de la sociedad civil, de organismos nacionales e internacionales, de medios de comunicación, de trabajadores/as de la comunicación, etc.

Para discutir (nos)

Llegamos aquí para discutir y discutirnos en la arena del lenguaje entendiendo que se trata de un campo, el simbólico, en el que también se juegan nuestros derechos como personas. Siguiendo a Maffía (2012), históricamente el lenguaje "ha privilegiado arbitrariamente las experiencias y relevancias de un sexo sobre otro, de los varones sobre las mujeres. Pero no sólo las mujeres han sido segregadas, muchos otros sujetos subalternos lo fueron, por eso hablamos de "androcentrismo" en esas instituciones, el privilegio del punto de vista del varón adulto, blanco, capaz y educado por sobre otras experiencias humanas". Actualmente, asistimos a una batalla por las palabras en la cual emergen "novedades subjetivas" que traen dificultades pero posibles de zanjar a favor de la inclusividad.

Repensando las preguntas guías de este escrito asoman otras como las que algunas feministas han lanzado sobre si el uso de "e" o la "i"re-invisibiliza a las mujeres y también si es posible poder contener, a través del lenguaje las múltiples experiencias para con el género y la sexualidad. Por supuesto, no hay respuestas únicas pero sí se atisba que de lo que se trata al hablar de lenguaje inclusivo y no sexista es de tener en cuenta que con las palabras y construcciones discursivas con que expresemos determinadas ideas podemos estar visibilizando u ocultado, discriminando o habilitando la posibilidad del decir, degradando o construyendo igualdad, respetando identidades autopercibidas o imponiendo un modelo heterocentrado y binario. La importancia del lenguaje inclusivo o del caminar hacia él está dada porque se trata de experiencias que pujan por ingresar a la discursividad social, se trata de experiencias que son dichas de modo ambivalente y/o contradictorio, como ese "resto" no dicho, que excede al lenguaje y que espera seamos capaces de crear nuevas palabras y discursos para nombrarlo y visibilizarlo (Yañez y Grasselli, 2018). Como dicen Yañez y Grasselli,

> el proceso de decir la propia subalternización ha habilitado la crítica y la posibilidad de transformación de la situación de opresión. Los modos en que se desarrollan estos procesos dan cuenta del papel fundamental que el devenir histórico/la temporalidad juega en el vínculo/tensión entre experiencia y lenguaje de lxs subalternizadxs (2018:269).

Asimismo, coincidimos con Maffía (2012) cuando dice que "son tiempos de incomodidades gramaticales, exabruptos semánticos y reclamos airados por la palabra en primera persona. Son tiempos de derechos humanos" y como ha expresado Dora Barrancos, historiadora feminista e investigadora del Conicet, "tiene que haber una "demolición" de las antiguas fórmulas del lenguaje en todas las instituciones" (en Carbajal, 2018).

Para terminar, resultan pertinentes las palabras del investigador Marc Angenot cuando afirma que no hay en la historia de los discursos e ideas, rupturas francas e irreversibles: "Toda ruptura es primero un deslizamiento de sentido poco perceptible, una erosión mal señalizada, un balbuceo torpe. (…) El cambio, cuando sobreviene, no se opera puntualmente ni tampoco positivamente: suele ser el resultado de una crisis bajo presión (…)" y agrega finalmente que "en el interior de este barullo, *quizás* emerja el nuevo *lenguaje*" (1998:55).

Referencias bibliográficas

Angenot, Marc. (1998). *Interdiscursividades. De hegemonías y disidencias*. Córdoba: Universidad Nacional de Córdoba.

Angenot, Marc. (2010). *El discurso social. Los límites de lo pensable y lo decible*. Buenos Aires: Siglo XXI editores.

Bandes, Gastón. (2019). "Sobre el Lenguaje Inclusivo". *Zona Crítica*. Disponible en http://zonacriticacuyo.com/index.php/2019/07/21/sobre-el-lenguaje-inclusivo/?fbclid=IwAR1rxCeDW8-5yZmZj69gamYOpt35Y674-jt_QF-Q2o0NriYNo4XyzM3tW1rM

Belluci, Mabel. (1992). De los estudios de la mujer a los estudios de género: han recorrido un largo camino… En Fernández, Ana María (Ed.), *Las mujeres en la imaginación colectiva*. Buenos Aires: Paidós.

Carbajal, Mariana. (2018). "Con acento en la e". *Página/12*. Disponible en https://www.pagina12.com.ar/136058-con-acento-en-la-e

De Lauretis, Teresa. (1996). La tecnología del género. *Mora*, 2, pp. 6-34.

Fraser, Nancy. (1992). Repensando la esfera pública: una contribución a la crítica de la democracia actualmente existente. *Revista Debate Feminista*. Volumen 7, N°4.

Gamba, Susana (Coord.). (2009). *Diccionario de estudios de género y feminismos*. Buenos Aires: Biblos.

Kristeva, Julia. (1981). *La Semiótica*. Madrid: Editorial Fundamentos.

Lagarde, Marcela. (2012). *El feminismo en mi vida Hitos, claves y topías*. México: Gobierno del Distrito Federal, Instituto de las Mujeres del Distrito Federal.

Ley nacional de protección integral para prevenir, sancionar y erradicar la violencia contra las mujeres en los ámbitos en que desarrollen sus relaciones interpersonales (26.485). http://www.cnm.gov.ar/LegNacional/Ley_26485_decreto_1011.pdf

Maffía, Diana. (2012). *Hacia un lenguaje inclusivo. ¿Es posible?* Mesa redonda. Jornadas de actualización profesional sobre traducción, análisis del discurso, género y lenguaje inclusivo. Buenos Aires, Universidad de Belgrano.

Segato, Rita. (2003). *Las estructuras elementales de la violencia. Ensayos sobre género entre la antropología, el psicoanálisis y los derechos humanos.* Buenos Aires: Prometeo-UNQ.

Violi, Patrizia. (1991). *El Infinito Singular.* Madrid: Cátedra. Selección.

Voloshinov, Valentín. (2009). *El Marxismo y la filosofía del lenguaje.* Buenos Aires: Godot.

Yañez, Sabrina y Grasselli, Fabiana. (2018). Los vínculos entre lenguajes/experiencias/genealogías en escritos de dos autoras feministas del sur. En *Cuestiones de género: de la igualdad y la diferencia.* N°. 13, pp. 265-280.

Lenguas desgarradas desde el sur de la vida: políticas-poéticas feministas antagonistas y tránsitos de fronteras *queer*/cuir en el entrelenguas de val flores

Juliana Enrico[1]

> *"Una contra-lengua asoma en la traducción del cuerpo fugitivo"*
> valeria flores. Deslenguada

Al asumir el valor central de los lenguajes en la constitución de los saberes contemporáneos, Adriana Boria (2016) plantea la importancia de las teorías feministas en tanto "giro teórico" -infrecuentemente reconocido como tal en el campo de las ciencias sociales y humanas, no obstante configura un importante aporte a la teoría y el análisis social- (*cfr.* Boria, 2016: 23); sobre todo a partir de introducir la operación de traducción interlingüística y cultural, como rasgo epistemológico crítico situado que sortea el obstáculo universalista en el acceso al conocimiento y vivencia del mundo.[2]

[1] Dra. en Ciencias de la Educación. Investigadora de CONICET (CEA FCS UNC) y Docente (ECE FFyH UNC). Su tema de investigación actual se denomina "Transformaciones en el espacio educativo-cultural argentino contemporáneo: articulaciones entre nuevos lenguajes, nuevas políticas y nuevas subjetividades históricas".

[2] En tal sentido, Boria expresa: "... en este siglo XXI encontramos 'giros' que se adjudican al cuerpo ('giro corporal'), a los afectos ('giro afectivo'), a los discursos ('giro semiótico'), y hace poco tiempo se habla de 'giro decolonial', cuando en realidad gran parte de esas temáticas ya habían sido propuestas y debatidas por la(s) teoría(s) feminista(s). En todo caso, si aceptamos que los desplazamientos anteriores tratan problemáticas nuevas y originales, al menos deberíamos acordar que el/los feminismo/s producen transformaciones en el modo de ver el mundo y con ello

Por su parte, Nelly Richard destaca la importancia del punto de vista feminista en la teorización de la división de género (en tanto marcación de la diferencia sexual en términos de poder y subordinación) en el contexto de crítica a las epistemologías de las ciencias sociales y humanas. En tal sentido, remarca el cuestionamiento de la teoría feminista al "sistema de institucionalización académica que canonizan las disciplinas" (postulando una mirada trans-disciplinaria y trans-fronteriza frente a escenarios diversos); la importancia de su situacionismo en la elaboración de un conocimiento discursivamente historizado y "corporizado" frente a la pretensión científica universalista y frente al sistema de saber-poder de las hegemonías culturales; y su crítica a la "simbólica del pensamiento" (*cfr.* Richard, 2012: 34 - 35) que organiza las representaciones culturales e identitarias, dividiendo jerárquica y reductivamente el espacio social al normar las relaciones entre lo igual y lo diferente (con poder de ruptura en el entramado de las formaciones sociales sedimentadas).

En este marco, la teorización y la operación *queer* / cuir (Valencia, 2014; flores, 2017) abre tajos en el pensamiento euro-norte-centrado y falogocéntrico, asumiendo las derivas de comunidades y subjetividades descentradas, distópicas y perturbadoras del canon cultural de la matriz patriarcal y capitalista -con todas sus violencias clavadas en la lengua, en los ojos, en el cuerpo, en la memoria-; asumiendo por tanto una guerra de lenguajes.

Contra toda re-escritura vicaria de la normalidad de las lenguas hegemónicas -y desde la vivencia misma de sus cicatrices, como lo expresa Elena Basile (2008) respecto de los efectos de la colonialidad lingüística y cultural (violentamente extractivista)- nos interesa explorar ciertas escrituras feministas del sur, en las que aquello que se transmite en tanto saberes alterados (Frigerio y Diker, 2010) e impropios (flores, 2019) -disidentes y antagónicos a toda apropiación hegemónica- abre abismos en las posibilidades subjetivas, haciendo estallar los límites de la identidad, de la experiencia, del lenguaje, del sexo y del mundo a partir de gestos de afirmación y reinscripción de lenguas tan hospitalarias como inhóspitas, desde las fronteras mismas del sur de todo.

Así es que *el sur*, locus de enunciación que funciona como significante político de las opresiones del norte global, reinscribe en su latido anta-

---

deberían situarse en ese escenario móvil junto con otras teorías del siglo." (Boria, 2016: 23 - 24). Ver también Enrico (2018a).

gonista un camino de fuga hacia territorios habitables, lleno de matices de diferancia y desplazamiento respecto de los escenarios, identidades y sentidos que hegemonizan la vida.

La crítica post-colonial a través de las lenguas feministas

Tal como lo analiza Basile (2008) al pensar las operaciones de traducción cultural entre-lenguas desde una perspectiva post-colonial -y, en particular, la traducción feminista en el campo de estudios de las academias norteamericanas- la(s) lengua(s) presentan en su devenir histórico y en sus diversas temporalidades "cicatrices" o marcas de heridas provocadas por las históricas opresiones y violaciones ejercidas por los poderes heteronormativos, androcéntricos y coloniales de la cultura (*cfr.* Basile, 2008: 20). Por eso la autora piensa la traducción en tanto creación de un tercer espacio o *inbetween*, retomando las formulaciones de Hommi Bhabha (1994): como una "poética de curación cultural" capaz de articular -desde la experiencia del cuerpo- la herida (o el trauma), la cicatriz y la molestia que pica y recuerda el proceso de curación en su cauce o en su superficie social y cultural. Es decir, no sólo -ni nunca- en la vivencia aislada del dolor por la herida en la propia piel, ya que la piel no es pensable fuera de su condición de pleno contacto con la totalidad del mundo interior y exterior (*eg.* indecidible), zona de profundo y permanente intercambio de respiración vital entre la carne, la sangre y el universo -territorio socialmente preciado por su permeabilidad adaptativa al contexto y la voz del amo; pero también territorio subjetivo latente y deseante, abierto a fascinaciones y conmociones ingobernables, siempre frente al abismo de su libertad-.

> Las cicatrices lingüísticas pueden no ser tan visibles como las cicatrices de la piel, y sin embargo existen [...] debido a que la evolución y el cambio de las lenguas van mano a mano con la evolución y el cambio de las civilizaciones, con las historias multifacéticas de amor y violencia que informan, a su vez, sus límites de expansión y colapso, los movimientos de gente de, entre o contra ellos. Los últimos treinta años han sido testigos de, en conjunción con procesos hegemónicos de globalización capitalista neocolonial, la emergencia de una impresionante serie de movimientos políticos que buscan facilitar prácticas reivindicativas de cruce de fronteras, sean éstas las fronteras geográficas de la migración y la diáspora,

las fronteras sociosimbólicas del género, la sexualidad y la pertenencia etnorracial, o cualquier combinación de ellas (Basile, 2008: 19-20).

En este sentido, y a la luz de los planteos de la crítica cultural contemporánea (entre los cuales Basile cita a Bhabha, 1994; Friedman, 1998; Glissant, 1990), la problemática de los intertextos culturales y de la traducción como espacio de intercambio interpretativo de diferentes órdenes entre las culturas y las lenguas, se ha vuelto un "tropo clave" (epistemológica y epistémicamente) para articular los fenómenos de múltiple cruce de fronteras con los problemas específicos correspondientes a sus localizaciones geográficas y simbólicas.[3] Así, el malestar manifiesto por las "cicatrices lingüísticas que pican", molestan, duelen e incomodan en la propia piel y en el entorno de vida social de cada núcleo comunitario, constituye para la autora -en tanto herramienta poética; y en tanto especificidad de las poéticas de traducción crítica feminista- el "síntoma de un proceso de curación cultural" (*cfr.* Basile, 2008: 20).[4]

Creemos fundamental resaltar la importancia del proceso de configuración anti-violenta de la crítica cultural, al exponer las heridas, la carne

[3] Para situar algunas referencias fundamentales en el campo de la traducción feminista (de las academias de América del Norte y Canadá en particular) en clave postcolonial -lo cual nos permite pensar, en este mismo tipo de gestualidad, las incisiones del / hacia el sur global y el sur latinoamericano en clave de decolonialidad- Basile analiza: " ...en 1987 la escritora chicana Gloria Anzaldúa publica *Borderlands / La Frontera*, una poderosa aserción de la traducción como herramienta para la formación de una nueva identidad mestiza capaz de habitar en las fronteras vivientes de múltiples posiciones de sujeto. En el mismo año en Québec, Nicole Brossard publica *Le désert mauve*, una novela donde la traducción es una práctica eróticamente cargada que inscribe la agencia femenina contra la corriente de la violencia patriarcal. En 1988 Gayatri Spivak traduce tres cuentos de la escritora bengalí Mahasweta Devi, y explica detalladamente las apuestas de la traducción feminista poscolonial como práctica que presta atención a la 'mezcla de la especificidad histórico-política con el diferencial sexual en el discurso literario' (177)." (Basile, 2008: 20). Desde los años '80 la noción de *écriture feminine* elaborada por Hélene Cixous había permeado el campo de los estudios de traducción al pensar las subversiones lingüísticas de las convenciones y codificaciones binarias del género y de la propia feminidad en torno del lenguaje patriarcal. En este sentido Basile analiza "experimentos de transformancia lingüística" (ver en particular su análisis del poema *Mauve* [Malva], de Nicole Brossard y Daphne Marlatt; y de *Diction Air*, de Jam Ismail).

[4] Las "Suturas" que conceptualiza Daniel Link probablemente pueden inscribirse en esta gestualidad desde una perspectiva translingüística, transtextual, transexual, al constituir mediante imágenes y escrituras una coyuntura contemporánea entre lenguajes diversos que cierran -siempre de modo fallido y abierto- las heridas del sentido sobre el cuerpo y la vida. Ver Link (2015). "Suturas. Imágenes, escritura, vida". Eterna Cadencia: Buenos Aires.

viva y el dolor en tanto *huellas* y *différance*, mediante una operación de develamiento que -como en el caso de la traducción literaria feminista poscolonial- inscribe la agencia femenina contra la corriente del "lenguaje patriarcal" al pensar las operaciones del umbral, la diferancia y la transformancia (a nivel lingüístico, cultural, subjetivo y corporal). Este pasaje de fronteras entre múltiples lenguas, realiza una "cura" de las heridas dejadas por "las violaciones históricas de los órdenes heteronormativos, androcéntricos y coloniales de la cultura" (Basile, 2008: 20), cuyos gestos de subversión lingüística atraviesan todos los marcos de la vida, reinscribiendo y resignificando las cicatrices.

En este sentido, más allá de las localizaciones norte o sur, la operación crítica universaliza sus efectos más radicales de disrupción y estallido del género (y de sus históricos efectos normativos binarios y sexistas), construyendo identidades desde el mestizaje que muestra que el propio "sueño lineal (y colonizador) de la hermandad femenina global" (Basile, 2008: 21) es imposible de abarcar desde alguna mirada, afecto o lenguaje central y único (entre múltiples identidades y asimetrías geopolíticas); lo cual neutraliza los efectos universales de las pretendidas suturas hegemónicas, abriendo el género desde las lenguas e identidades mestizas y disidentes que rompen las fronteras y exhiben el daño.[5]

La traducción hace estallar, por tanto, un territorio esperado, y palabras otras toman su lugar de lenguas inhóspitas que pasan a hospedar la alteridad, desde la conmoción misma de los sentidos normativos que han saturado históricamente nuestras prácticas y memorias culturales.

valeria flores realiza este mismo tipo de operación de traducción cultural y trans-textual entre el cuerpo, la palabra, y la escritura en tanto acto de reinscripción y memoria de las experiencias del daño (cuyas sensibilidades, percepciones y conceptualizaciones son elaboradas en el contacto entre lenguas y lenguajes que van reconfigurando las huellas sobre nuestras palabras, rostros y cuerpos, bajo la forma de una constante experimentación y deriva).

---

[5] Ver este análisis en Enrico (2018a, 2018b). Recordemos las palabras de Anzaldúa en *Borderlands*: "Somos las del español deficiente"; "A las lenguas salvajes no se las puede domesticar, sólo se las puede cortar" (Anzaldúa, 1999: 104). "Por hablar con lenguas de fuego nos crucifican culturalmente" (Anzaldúa, 1999: 109).

La lengua desgarrada

Desde este análisis de la dimensión teórico-política de las "lenguas feministas" (Enrico, 2018a), retomamos la noción de "traducción crítica feminista" de Basile (2008) en términos de una "poética de curación cultural" (en clave post-colonial) frente a las violencias falogocéntricas y euro-norte-centradas; y la intervención *queer*/cuir de val flores (2013, 2017), "lengua de fuego" (Anzaldúa, 1999) y "lengua del sur" (flores, 2019) que clava incisiones insumisas y disidentes frente al asedio extractivo y violento del capitalismo, el androcentrismo, el hetero-patriarcado y la hetero-normatividad, las gramáticas coloniales y el sistema de razón-conciencia de la matriz de identidad sexo-genérica ilustrada occidental, marcando una especificidad feminista "del sur del sur" o del fin del mundo, lesbiana (ni lo uno ni lo otro)[6], plena de intersecciones e inter-textualidades feministas[7].

Algunos de los textos de val flores que indagamos en tanto intervenciones específicas que constituyen desgarraduras de la lengua son "Deslenguada. Desbordes de una proletaria del lenguaje" (publicado en Neuquén por Ají de pollo en 2010, en el marco de la colección "Conversaciones feministas", con comentarios de Mónica D' Uva y Macky Corbalán); "Interruqciones. Ensayos de poética activista. Escritura, política, pedagogía" (publicado en Neuquén por La mondonga dark en 2013; con una segunda edición reciente del Asentamiento Fernseh, Córdoba, 2017); "¿dónde es aquí?" (publicado en Córdoba por Bocavulvaria ediciones, en 2015) y "Ella, no. 57 laconismos postapocalípticos (o la masacre de una lesbiana eremita)", publicado en Buenos Aires por Exiliadas en 2018, con

[6] val flores se viste de negro, se performa en escenarios queer/cuir prosexo, se desnuda y se enuncia "deslenguada", "lesbiana", "sudaca", "masculina" (flores, 2010, 2017) arrancándose la lengua en carne viva. Atravesada tanto por la "pulsión escritural feminista" como por la "disidencia sexual", asume una "poética del dolor" -desde la vivencia del daño, pero también desde el goce y el placer excéntricos, en una desbordante *jouissance*- abriendo un espacio contra toda herencia de subalternidad, sujeción y sufrimiento. En plena ruptura y experimentación del "espesor de la vida" -y desde una real precariedad- es incisiva, lasciva, sexualizada en cada punto de la piel, y con "olor de sobreviviente" (*cfr.* flores, 2010) corta el aire y detiene el destino, prófuga.

[7] Ver Graselli y Yáñez (2018). Las autoras resaltan la potencia de la intertextualidad feminista/lesbiana para pensar la articulación entre el lenguaje/la experiencia/ la política en las enunciaciones feministas del sur, interrogando genealogías y derivas en la "clave propia" de las "auto-narrativas", al tiempo que interrogan la "función genealógica" de este tipo de intertextualidad.

comentarios de Laura Gutiérrez. Los mismos se inscriben en el circuito editorial independiente latinoamericano o "cuir" en clave poética y, tal como lo expresa flores en su libro de poemas "¿dónde es aquí?", intentan sacudirse la gramática colonial desde "el corazón de un yo despedazado" (flores, 2015, p. 1) y, entre claroscuros y relámpagos en medio de la furia de los vientos del sur, desde "este suelo que transitamos (que) se nos vuelve barranco" (flores, 2015: 3).

En sus derivas y tramas significantes, aparece una especial relación entre lenguaje, experiencia, escritura, sexualidad, subjetividad, disidencia y alteridad, en torno del núcleo trágico de la imposibilidad humana de inscripción simbólica de un sentido último compartido que suture el horizonte de la vida (es decir: en torno de la imposibilidad de su transmisión, o bien de la necesaria e imprescindible transmisión de este gran hueco, Alicia, *the hole*, porque estamos solos aunque vivimos y morimos con otros). Pero, a su vez, aparece un énfasis en las marcas de la lengua de la disidencia sexual, carnal y epistémicamente des-localizada, inconsciente y contra-cultural, que se erige en la forma de rupturas conceptuales e icónicas frente al discurso de Occidente y frente al discurso colonial (Mohanty, 2008); desde sus fibras mismas de identidad pero con otros ojos, indómitos y estremecidos por el temblor de otras vidas posibles.

Por tanto, lo que estos textos transmiten (en tanto cierta traducción de la experiencia vivida de una "comunidad" política desplazada y despedazada) es más bien del orden del hueco significado en torno de una pasión que no termina de inscribirse, bordeando la superficie horadada de múltiples determinaciones que atraviesan nuestros cuerpos (y que son ciertamente comunicables en tanto efectos materiales concretos sobre nuestras condiciones de existencia).

Mediante gestos escriturarios vitales de desobediencia y disidencia, aparece el matiz poético de todos estos textos, los cuales arman el territorio de una semiosis antagonista (teórica, política, conceptual, estética y socialmente reelaborada) que nos interesa recuperar en tanto materia de una crítica cultural y lingüística a las narrativas, identidades y formas de transmisión hegemónicas. Este tipo de territorialidad errante, incisiva, rota, se superpone al mapa de las gramáticas y normativas dominantes, interrumpiendo la lengua y las prácticas del amo mediante incisiones que desarman toda forma de saber-poder tradicionalmente impuesta por los espacios que dominaron el pensamiento occidental y el logos moderno (en tal sentido, lecturas, escrituras y retóricas otras performan y tiñen diferentes formas de vida, y no sólo otros estilos o géneros de escritura confinados a los estudios del campo literario).

En una reciente lectura realizada en Córdoba, en el espacio "Desbordar la lengua" -en el contexto del Encuentro Internacional "Derechos lingüísticos como derechos humanos" realizado en la FFyH de la UNC (ámbito pensado contra-frente al Congreso de la Lengua Española, que tuvo lugar en marzo de 2019 con la presencia honoraria de los Reyes de España)-, val flores nos trae un texto estremecedor en el que narra un recuerdo de infancia[8].

Siendo muy pequeña, en Neuquén, una tarde se cae intentando subirse a un árbol que estaba en el medio del patio de tierra, y se muerde la lengua, por lo cual se hace un gran corte y deben coserle la lengua sin anestesia en el hospital público (no llora, le recuerda su mamá, por lo cual los médicos la felicitan). Esta escena dolorosa, llena de metáforas sinestésicas (Kristeva, 2005), retoma de su propio poemario "¿dónde es aquí?" la expresión "tengo la boca cosida de relámpagos" (flores, 2015: 10), traducida ahora como "una lengua cosida de relámpagos". La imagen de la lengua, la carne y la sangre, a flor de piel (en plena in-fancia)[9], frente a un deseo infantil -e infinito- de libertad frustrada y lastimada, probablemente la hizo ir siempre más allá de todo, conjurando en sus derivas su enfrentamiento sensible y cuerpo a cuerpo frente a este mundo hostil.

En su análisis del gesto epistémico, estético y poético de val flores en "Deslenguada…" en tanto "incisión" feminista, Mónica D' Uva expresa:

> Ella sabe que sólo de forma colectiva la palabra inscripta se vuelve instituyente. Es por ahí que se cuela su estatuto performativo: el decir que al multiplicarse en las voces y extenderse en la temporalidad comunitaria

[8] Y aquí es importante traer también el recuerdo de Cherríe Moraga en su poema "Para el color de mi madre", de *Esta puente mi espalda*, recordando "la herida abierta" de la experiencia de la frontera en Estados Unidos (para las "mujeres de color", migrantes, chicanas, supuestamente malhabladas y analfabetas). Moraga retoma la noción de frontera de Anzaldúa, y mediante su atravesamiento (siendo blanca, o "güera") se vuelve morena por el color de sangre de su madre. Aquí la herida, la boca, el tajo -desde pequeña-, la ruptura, el hueco, la sangre, arman una morada para suturar el derrame de tanta vida explotada y silenciada: "… hablo por ella a través de la parte sin nombre de la boca" (Moraga, 1988: 16)

[9] Seguimos la conceptualización de *in-fans* de Agamben (2007): sin palabras o sin discurso (en frágil y precaria elaboración en el borde temprano de la vida y de la subjetividad).

(que entrelaza al pasado con el presente y el futuro) adquiere su eficacia y se vuelve sustento de lo real. Pero claro, éste no deja de ser su mayor peligro y su más obstinado destino: naturalizarse, convertirse en evidente y volver a ser funcional a la maquinaria expropiadora. Es por eso que la deslenguada realiza una tarea infinita mordiendo constantemente con su filosa dentadura la carne que sedimenta aún de su propia lucha. (D' Uva, 2010: 12-13)

"Ella, no", dice val flores, mientras "confía en el espesor mínimo entre su corazón y la vida".

Ella no es ella,
no, ella, no es, vive con
las políglotas locuaces del
cementerio interno
(flores, 2018: 45).

Y en tanto maravilla de "lengua inmarcesible", Macky Corbalán (2010) refiere al órgano a la vez fisiológico y semántico que configura la lengua deslenguada de val flores, inspirada en el epígrafe de Henri Meschonnic "En el lenguaje, es siempre la guerra", con el cual abre al cauce poético de la escritura: "Deslenguada es una guerra declarada contra lo que la lengua tiene de sujeción, de acción rectora, de opresión clasificatoria, de sugestión fetichizante y empobrecedora, proponiendo -como Nimrod- erigir en la página la torre donde more, soberana, la confusión" (Corbalán, 2010: 16), allí donde todo lo crudo del cuerpo y del pensamiento se expone a mundos nuevos y a intercambios de palabras y rituales sensibles que son tesoros por crear y descubrir.

Una lengua trans-fronteriza

Valencia sostiene que si lo *queer* no es una identidad (retomando la noción de *Parole de queer*, tal como fue pensada y enunciada por Paul Preciado en el contexto de la teorización sobre el movimiento y las multitudes *queer* por parte de referentes claves como Judith Butler, Teresa de Lauretis y Eve Sedgwick)[10], en todo caso puede definirse como "un

[10] Cuya eficacia política, dice Preciado, consiste en ser la "reapropiación de una injuria y de un uso frente al lenguaje dominante" que nos ha nombrado y constituido como sujetos abyectos; cuyo desplazamiento no opera del mismo modo al estar "desprovista de memoria histórica" la palabra "queer" en el castellano, por ejemplo. Por ende es

proceso de autocrítica radical y de crítica a la sociedad y a sus categorías absolutas, como lo masculino y lo femenino" (Valencia, 2018: 6).

Revisando la etimología de la noción que puede rastrearse hasta el siglo XVI (siendo de probable raíz germánica), *"queer"* ha sedimentado históricamente significaciones semejantes dentro del universo semántico de lo "raro", "descentrado", e incluso "perverso". Valencia aporta que, aunque se considera un término exclusivamente anglófono, tiene origen indo-europeo, y recién en el siglo XX se incorpora esta noción en forma despectiva para enunciar la homosexualidad masculina, extendiéndose luego a las sexualidades y géneros disidentes, a través de "diversas dimensiones políticas que articularon al movimiento *queer*, formado en un principio por los devenires minoritarios del *tercermundo estadounidense*" (Valencia, 2018: 25).

Y aquí es importante mencionar su agudo análisis respecto de cómo este movimiento logra configurar el marco epistemológico de la teoría *queer*, aún atravesado de desplazamientos respecto de las escenas centrales que sesgan los sentidos dominantes del mundo.

> La versión oficial sitúa su uso teórico en 1991 cuando Teresa de Lauretis publica su emblemático artículo *"Queer Theory. Lesbian and gay sexualities"* en la Revista *Differences*.
>
> Sin embargo, quizás en la misma lógica del capitalismo académico, que invisibiliza lo minoritario, no se considera como uso "teórico" el que le da Gloria Anzaldúa en su libro La Frontera / Borderlands, publicado en 1987. (Valencia, 2018: 31)

En este marco, Valencia sitúa el desplazamiento del *queer* al *cuir*, mediante el cruce de las fronteras Norte / Sur que desarma y deslocaliza los territorios e identidades centrales a través del tráfico y el tránsito entre lo global y lo local, en medio de migraciones, diásporas y violencias culturales, económicas, epistémicas, ecológicas y sexuales que despedazan todos los mapas, comunidades, cuerpos y memorias. Las lógicas necropolíticas del capitalismo *gore* (Valencia, 2014) nos exigen repensar siglos de dominación, colonialidad y violencia, presentes en las intermitencias cotidianas y persistentes de las tramas de apropiación sistemática de la-vida-la-muerte (Derrida, 1998) -es decir, de nuestra sobrevivencia como condición permanente de vida limitada por los poderes económicos y

fundamental repensar los contextos lingüísticos y las operaciones de traducción al introducirse este significante en otras lenguas (*cfr.* Preciado, 2018: 17).

políticos que mueven el mundo-, al deslocalizar y dispersar de forma trans-fronteriza y trans-nacional sus efectos fáusticos.

En tal sentido, Valencia nos llama a enfatizar cómo puede operar en sentido inverso y decolonial la operación cuir:

> Las multitudes *queer* y sus acciones directas e incluso teóricas trascienden la geopolítica del norte en la que se inscriben y activan de manera colectiva la desobediencia crítica del *tercer mundo estadounidense* frente a las formas subalternizantes del poder hegemónico; creando una coyuntura del desplazamiento geopolítico y epistémico de lo *queer* a lo cuir, puesto que la tercermundización, como categoría de enunciación de los procesos de subalternización g-local teje redes de intercambio y diálogo posible con el sur (Valencia, 2018: 40-41).

Y por eso concibe "este sur", ante las consecuencias deshumanizantes, extractivas y violentas de los marcos de explotación del capitalismo contemporáneo, como "un posicionamiento crítico y no sólo como un emplazamiento geopolítico, donde, a causa de las lógicas impositivas del capitalismo voraz, el mundo y sus poblaciones están deviniendo sur de forma cada vez más acelerada" (Valencia, 2018: 41). Por ende, acentúa la necesidad de una gran insurrección en este contexto de "vulneración extrema" de nuestras vidas.

En esta misma perspectiva, tal como lo referenciábamos anteriormente, flores plantea la importancia de pensar no tanto qué es lo *queer* o lo cuir, sino "cómo opera" en términos de una crítica y una política cultural radicales, surgidas desde los territorios del sur ocupados, violentados y asediados históricamente.

> Sur se asume aquí como pliegue táctico (Richard, 2009), una diferencia situada cuya localización móvil y estratégica interviene en las geografías de poderes, y no como territorialidad de origen. En tanto su duplicación enunciativa sur sur abre a otras diferencias situadas que se efectúan por las marcas que producen los colonialismos internos. En mi caso, no sólo provengo de Argentina, sino de la ciudad de Neuquén, en la Patagonia, cuya historia marcada por el genocidio español y del Estado argentino, irriga nuestros territorios, cuerpos y saberes (flores, 2019: 9).

Esta específica condición territorial define lo que hemos denominado previamente su posición desde la "cruz del sur", del "sur del sur" o "al sur de todo" (Enrico, 2018a, 2018b) que atraviesa la poética de flores, en tanto aparecen en su escritura intermitencias de las memorias de un territorio demarcado por los procesos de colonización y conquista de nuestras tierras, pero también en este caso por la sangrienta conquista del desierto[11], en tanto zona de frontera a ocupar en el marco del proceso de configuración del Estado-nación, que avanzó sobre territorios mapuches, ranqueles y tehuelches en la región pampeana y la Patagonia argentina en el siglo XIX.

Lenguas de fuego del sur del sur

La situación "del sur", por tanto, articula las herencias de las poéticas y políticas feministas que han pensado el mundo desde sus huecos y desde los espacios de hostilidad e inhabitabilidad; y en particular desde el foco de las disidencias sexuales frente a las matrices patriarcales y heteronormativas históricas. Retomando las palabras de Adrienne Rich (flores, 2005, 2010) y resonancias de Gloria Anzaldúa y de la voz de Derrida a través de Preciado, val flores escribe injertando "heteroglosias" entre las palabras establecidas; arriesga rupturas; abre tajos y enfrenta "la incerteza, el miedo y la violencia" desde una lengua fronteriza, "deslenguada": "La lengua de la disidencia respira por los poros del enemigo" (flores, 2005: 32) afirmando "el carácter incierto de la vida".[12]

[11] La gran campaña de 1879 incluye expediciones y ocupaciones previas de las fronteras o "zonas de contacto" sucedidas desde el siglo XVI en adelante (es decir, desde la llegada de los españoles a nuestro territorio) y desplegadas sobre las provincias y territorios federales, como la de Rosas en Buenos Aires en 1833 (mediante distintas formas de ocupación militar y cultural sobre las poblaciones y territorios de los pueblos originarios, habitados ancestralmente). Ya en 1881 la campaña de Roca avanza al sur del Río Negro hacia el actual territorio de Neuquén. En una imagen activista y artivista, el colectivo "Fugitivas del desierto" toma la pintura "La vuelta del malón", óleo de Ángel Della Valle (1892), y la interviene irónica e icónicamente con el título "La vuelta del malón, o cuando las mujeres huyen de la heterosexualidad" (Trolas del desierto, lesbianas pendencieras, Neuquén).

[12] La cita de Adrienne Rich (de *Artes de lo posible*) que "rompe la tradición del silencio" denunciada también por Gloria Anzaldúa en *Borderlands*, es: "El estudio del silencio me ha mantenido absorta por mucho tiempo. La matriz del trabajo de quien es poeta consiste no sólo en lo que existe para absorberlo y trabajarlo, sino también en lo que ha desaparecido, se ha vuelto innombrable y por tanto impensable. Es a través de esos agujeros invisibles en la realidad por donde la poesía se abre camino -desde luego esto es así para las mujeres y otros sujetos marginales y desposeídos de poder y generalmente para los pueblos colonizados, pero últimamente para los que practican cualquier arte en sus niveles más profundos. El impulso de crear empieza -con frecuencia de manera terrible y pavorosa- en un túnel de silencio.

Desde este *locus*, sus "escritos heréticos"[13] son una daga al corazón de todos estos marcos normativos y de sus genealogías coloniales, y toman la fuerza escrituraria de una post-agonía sexual en carne viva que "se cura en lenguas"[14] (mediante incisiones, antagonismos, rupturas y nuevas articulaciones inter y trans-lingüísticas).

Poniendo en acto la práctica derrideana de deconstrucción de la lengua y de la escritura (mediante una apropiación "amante" y "desesperada" de la lengua en plena *différance* o diferancia), y tomando en este gesto las expresiones de Cherríe Moraga: "Las palabras son una guerra para mí", val flores manifiesta en *Interruqciones* (al pensar e inscribir la "operación *queer*/cuir" del "texto bastardo" -interrogando no tanto "*qué es* cuir", sino "cómo opera", qué hace, de qué forma-) la necesidad de inscribir "un palimpsesto dialógico que no encubre los momentos de ambigüedad" (*cfr.* flores, 2017: 56) afirmándose incluso "contra sí mismo": una escritura (en el sentido barthesiano de "exceso") del doblez de las identidades, de su des-centramiento, de sus pliegues, de su diferencia y su destello en fragmentos pasionales, precarios, difusos y en plena elaboración y tránsito a la deriva; contra el régimen de transparencia (hetero)comunicativa que impera socialmente y contra las exigencias y ambiciones de masividad, de saber-poder, de doxa, que regulan una vida social sin matices y sin relieves.

Entre lenguas malheridas, en el contexto latinoamericano "el sur" (en tanto noción analítica) ha situado no sólo las metáforas literarias del realismo mágico y de la barbarie que atraviesan la historia o *bios* del mapa geográfico del territorio sur de América, y todos sus relieves vivientes, sino las elaboraciones de un específico posicionamiento epistemológico y de un *locus* político de raíz nuestroamericana que ha logrado con-

---

Cada poema real es la ruptura de un silencio que existe, y la primera pregunta que le podríamos hacer a un poema es: ¿qué tipo de voz está rompiendo el silencio, y qué tipo de silencio se está rompiendo? (De *Artes de lo posible*, en flores, 2005: 31). Aquí resaltamos la importancia de la función poética del lenguaje a *través de todo el lenguaje*, tal como lo ha formulado Jakobson, más allá del género literario "poesía" en particular. Es importante mencionar que Adrienne Rich, junto con Audre Lord y Alice Walker, son las principales intelectuales, críticas teóricas, artistas y activistas feministas estadounidenses que han influenciado no solamente el campo del feminismo norteamericano -o de habla inglesa- sino también los feminismos y activismos poético-políticos y la crítica cultural en América Latina (denunciando incluso la autoridad y la tradición literaria masculinas en los espacios académicos y culturales).

[13] Recomendamos ver su blog: http://escritshereticos.blogspot.com.ar

[14] Ver este análisis en Enrico (2018b).

mover las fronteras disciplinarias, teóricas y canónicas (consagradas y centrales) en el campo de las ciencias sociales y humanas (occidentales, euronortecentradas, falogocéntricas, universalizantes, ilustradas, blancas) performando otras epistemes e intercambios simbólicos mediante el gesto de visibilizar y nombrar enunciaciones otras, identidades otras, culturas, lenguas, saberes y subjetividades otr*s difícilmente traducibles pero ardientes de transmisión (en el sentido de "comunidad viviente" que, plena de cicatrices y de ansias de desobediencia a inconcebibles historias de crueldad y opresión, se curan en y entre lenguas) al tiempo que anuncian la urgente transformación del mundo mediante palabras nuevas y rotas, sin plegarias y en plena intemperie.

Referencias

Agamben, Giorgio (2007). *Infancia e historia. Ensayo sobre la destrucción de la experiencia*. Buenos Aires: Adriana Hidalgo.

Anzaldúa, Gloria (1999). *Borderlands (La frontera): la nueva mestiza*. Trad. de Carmen Valle, Ed. Capitán Swing: Madrid [1ª. Ed. 1987: *Borderlands (La frontera): the new mestiza*. Ed. Aunt Lute Books, San Francisco].

Basile, Elena (2008). "Cicatrices lingüísticas que pican. Pensamientos sobre traducción como una poética de curación cultural". En DeSignis N° 12. Traducción / Género / Poscolonialismo. Calefato, Patricia y Godayol, Pilar (Coords.). Buenos Aires: Ed. FELS - La crujía.

Boria, Adriana, *et. al.* (2012). *Itinerarios de la transgresión. Políticas, sujetos y experiencias*. Córdoba: Ed. Comunicarte - Colección Género y sexualidades.

Boria, Adriana (2016). "Operaciones de la teoría feminista". En Boria, Adriana y Boccardi, Facundo (Comps.). *Operaciones teóricas 2. El lugar de la teoría*. Ed. UNC - CEA: Córdoba.

Enrico, Juliana (2018a). "Lenguas de fuego. Los feminismos del sur y la enunciación teórico-política-corporal-sexual contra las violencias euro-norte-falogocéntricas". Dossier *Revista Fermentario* (Departamento de Filosofía e Historia de la Educación de la Universidad Estadual de Campinas, Brasil – Departamento de Historia y Filosofía de la Educación de la Facultad de Humanidades y Ciencias de la Educación de la Universidad de la República, Uruguay). Vol. 1 (II), N° 12, pp. 74 - 88: Uruguay. http://www.fermentario. fhuce.edu.uy/index.php/fermentario/article/view/315/400

Enrico, Juliana (2018b). "Escrituras heréticas y transmisión disidente en las pedagogías *queer* de los feminismos del sur. Valeria Flores y el fuego del desierto". En *Religación, Revista de Ciencias Sociales y Humanidades. Dossier "Modos de producción del conocimiento. Apuestas críticas nuestroamericanas"*.

Edición del Centro de Investigaciones en Ciencias Sociales y Humanidades desde América Latina (Centro asociado a CLACSO). CLACSO. Vol. III, N° 9, pp. 212 - 233, marzo de 2018: Quito, Ecuador. http://revista.religacion.com/article-enrico-juliana-view.html

flores, valeria (2010). *Deslenguada. Desbordes de una proletaria del lenguaje.* Neuquén: Ediciones Ají de pollo.

flores, valeria (2015). *¿dónde es aquí?* Córdoba: Bocavulvaria.

flores, valeria (2017). *Interruqciones. Ensayos de poética activista. Escritura, política, pedagogía* (2da. ed.) Córdoba: Ed. Asentamiento Fernseh.

flores, val (2018). *Ella, no. 57 laconismos post-apocalípticos (o la masacre de una lesbiana eremita).* Buenos Aires: Exiliadas.

flores, val (2019). "Esporas de indisciplina. Pedagogías trastornadas y metodologías queer". En Britzman, Deborah; López Louro, Guacira; flores, valeria *et. al. Pedagogías transgresoras.* Córdoba: Ed. Bocavulvaria.

Graselli, Fabiana y Yáñez, Sabrina (2018). "Los vínculos entre lenguajes / experiencias / genealogías en escritos de dos autoras feministas del sur". En *Cuestiones de género: de la igualdad y la diferencia* N° 13 - Universidad de León, España. En: http://revpubli.unileon.es/ojs/index.php/cuestionesdegenero/article/view/5375

Mohanty, Chandra Talpade (2008). "Bajo los ojos de Occidente. Academia feminista y discurso decolonial". En Suárez Navaz. Liliana y Hernández, Aída (Eds.): *Descolonizando el Feminismo: Teorías y Prácticas desde los Márgenes.* Madrid: Ed. Cátedra.

Moraga, Cherríe (1988). "Para el color de mi madre", en Moraga, Cherríe y Castillo, Ana (Eds.). *Esta puente, mi espalda. Voces de mujeres tercermundistas en los Estados Unidos.* San Francisco: Ism Press.

Richard, Nelly (2012). "Humanidades y ciencias sociales. Travesías disciplinarias y conflictos en los bordes". En Buenfil Burgos, R. N.; Fuentes Amaya, S.; Treviño, E. (Coords.) *Giros teóricos II. Diálogos y debates en las ciencias sociales y humanidades.* México DF: Ed. FFL - UNAM.

Valencia, Sayak (2014). *Capitalismo gore.* México DF: Publicación del Programa Universitario de Estudios de Género - UNAM.

Valencia, Sayak (2018). "Del *Queer* al Cuir. Ostranénie geopolítica y epistémica desde el sur g-local". En Preciado, Paul y Valencia, Sayak. *Del Queer al Cuir. ¿Desviaciones o coaliciones?* Buenos Aires: Ed. Sudakuir.

Itinerarios desobedientes entre narrativas y experiencias de los feminismos del sur

Tirándonos la lengua: un preguntario sobre otras formas de resistencia

ENJAMBRADAS[1]
Amanda "Mandy" Gómez[2]
Alejandra Celi[3]
Cecilia Magdalena Malnis[4]
Romina Barboza[5]

Ensayamos formas de resistencia: nuestro cuerpo es el enclave del feminismo como práctica de vida, ¿cómo volver nuestro cuerpo más sensible para que pueda afectarse y verse movilizado a la acción por las violencias que nos rodean? ¿Es la escritura el enjambre desde el cual surgirá una nueva sensibilidad? ¿Es estetizar la escritura una herramienta subversiva

[1] Enjambradas es un espacio lúdico de lectura y escritura de nuestros feminismos del Sur del Sur (Mendoza, Argentina).

[2] Historiadora, abocada al estudio de la historia de las ideas desde una historiografía feminista. Adscripta a la cátedra de Historia de las ideas Políticas y Sociales en América y Argentina, FFyL-UNCuyo. Activista/militante feminista y disidente en organizaciones partidarias y sociales de Mendoza desde el 2009.

[3] Becaria doctoral del CONICET. Licenciada en Filología Inglesa por la UNCuyo y estudiante del Doctorado de Lingüística de FFyL, UBA. Interesada en el lenguaje y la multiplicidad de lenguas. Desde el año 2011 ha formado parte de colectivas y espacios de activismo feminista disidente. Ama leer con amigas y cocinar. Practica acrobacia aérea desde hace 7 años y todavía no se anima a sumarse a un circo. Torta feminista abortista antiespecista académica blanca del Sur del Sur.

[4] Licenciada en Comunicación Social. Estudiante del Doctorado en Ciencias Sociales en la Universidad Nacional de Cuyo. Becaria de CONICET en la unidad de Teoría Crítica y Estudios de Género. Docente adscripta de la Facultad de Ciencias Políticas y sociales. Poeta.

[5] Comunicadora de formación de grado y posgrado. Investiga sobre tecnologías digitales como becaria en el Conicet-Mendoza y como docente en la UNCuyo y en la UMaza. Ambas actividades atravesadas por una perspectiva crítica y una ética feminista.

lo suficientemente poderosa para sostener las carencias que gatilla este heteroneoliberalismo patriarcal y salvaje?

Implementar un estilo encarnado es devenir singular creativo, lo que resulta un riesgo material y latente en un contexto donde la encarnadura pesa más que el cemento, parafraseando libremente a Shakira. Poner el deseo en la escritura y que el deseo escriba es, sin duda, un gesto de resistencia peligroso. Si entendemos los matices peligrosos de la resistencia, ¿cómo cuidarnos y darnos cuenta de que nos estamos cuidando? ¿Cómo percatarnos de la violencia que nos atraviesa si nos hemos acostumbrado a ella? ¿Cómo detectar las lógicas heteroneoliberales que acechan nuestras prácticas? Pensamos que tal operación no es en solitario, como el enjambre. Entonces, ¿cómo creamos autonomías relacionales y afectivas en este heterocapitalismo patriarcal que nos arrasa y atraviesa?

Sobre la historia y las ancestras. Un esfuerzo por la memoria

Tenemos genealogías a tirones dificultosamente colocadas en nuestra memoria. Nos preguntamos ¿qué presente hace posible retomar a las ancestras del pasado? ¿De qué forma podemos visibilizar nuestra historia, nuestras raíces como parte fundante de este cuerpo-territorio? ¿Cómo construimos nuestras referentes feministas? ¿Quiénes son nuestras ancestras o cuál es la genealogía feminista en la que nos inscribimos? ¿Cómo pensar una genealogía feminista situada, sin recurrir a las figuras europeas como Mary Wollstonecraft o Simone de Beauvoir? ¿Queremos desprendernos de ellas? ¿Cómo juega la pertenencia a una clase social, a una nacionalidad, raza y edad en la construcción de nuestra historia? ¿Cómo se pueden rastrear las transformaciones históricas de los feminismos y sobre todo de los feminismos latinoamericanos? ¿Qué sujeto se rescata en la historia? ¿Cómo juegan las vivencias "blancas" en la construcción de saberes y proyectos políticos feministas en Latinoamérica? ¿Cómo lograr un diálogo horizontal en la producción e intercambio de saberes en relación a las mujeres del norte? ¿Por qué es urgente y necesario tener en cuenta la posición geo-política de la producción de saberes y agenda feminista? ¿Cuál será nuestra posición en el esquema político del feminismo hoy, en América Latina, Argentina y Mendoza? ¿Cómo nos posicionamos como feministas tortilleras disidentes (lesbianas, bisexuales, pansexuales, no binaries) en los espacios feministas locales? ¿Cómo logramos una relectura tortillera-disidente del feminismo? ¿Qué tipo de memoria feminista deseamos producir, construir y rescatar? ¿De qué forma nuestra propia memoria sirve de detonante en la búsqueda genealógica? ¿Cómo influye en la configuración de nuestra identidad política esa memoria? ¿Es posible la crítica feminista desde otro lugar que no sea el "nosotras"? ¿Cómo se construiría? ¿Cuáles son los riesgos de dejar a la deriva la transmisión de saberes? ¿Qué rol tenemos como feministas para preservar y rescatar una memoria genealógica de luchas históricas para quienes no conocen los posibles horizontes del feminismo como proyecto político-afectivo? ¿Tenemos un rol en el contagio de estas experiencias y saberes?

Es un acto político admitir que admiramos a otras mujeres, que las reconocemos como nuestras maestras, darles autoridad en espacios hostiles, citarlas en nuestros textos, ponerlas a discutir con los viejos machirulos de la filosofía, la historia, la sociología, y demás disciplinas. Esto, muy lejos de ser una actitud acrítica hacia ellas, es una reivindicación histórica. Nos negamos a vivir nuestra inscripción genealógica como un enamoramiento tóxico, porque no apostamos a un amor romántico idealizado. Nuestras maestras no están en los altares, sino en las calles. Nos damos el lujo de quererlas, de bancarlas en sus luchas, de seguirlas cuando podamos seguirlas y acompañarlas con la vista cuando no compartamos su camino, porque la ética feminista nos pide que nos sigamos cuidando. *Affidarse* a una "madre" en una sociedad patriarcal que prescribe sólo algunos vínculos es un acto subversivo. ¿Quién va a parirme? ¿Puedo parirme sola? ¿Por qué querría hacerlo sola? Esta necesidad de independencia y de búsqueda de autonomía, ¿será una manera de seguirle el juego a la lógica individualista? Por eso apostamos a una autonomía relacional y afectiva. ¿Cómo sería una democracia feminista? ¿Con quiénes queremos tener acuerdos? ¿Quiénes son nuestras aliadas? ¿Es posible un feminismo que no sea anticapitalista? ¿Es posible un feminismo que no sea antiespecista? ¿La cara de quién queremos ver después de tanta oscuridad en el canal de parto? Quererlas es un lujo y que nos atajen de la caída a la que nos arrojaron en este mundo es nuestra metáfora para el *affidamento*.

Sobre el cuerpo, la palabra y su intrincada relación con la academia y el deseo

¿Podemos negar quiénes somos cuando hacemos uso de la palabra? Entendemos la escritura académica tradicional como un ejercicio de amnesia, de olvido, de borramiento sistemático e intencionado de las marcas del cuerpo. Entonces, ¿qué herramientas nos da el feminismo que habitamos para desprogramar esa amnesia y activar las memorias que nos habitan para hacer uso de la palabra? En una academia que domestica prácticas y fomenta la resignación a la frustración, ¿cómo hacer uso de esa frustración como herramienta política? ¿Acaso la frustración no es memoria? ¿Qué memorias porta nuestro cuerpo que aprendimos a domesticar? ¿Cuáles son las cosas que olvidamos en esa operación de domesticación? ¿Qué operaciones hacemos para escribir desde el olvido y desde la memoria del cuerpo? ¿Es la experiencia una operación pre-discursiva o la escritura es en sí misma experiencia?[6] ¿Cuál es el papel del cuerpo en esa díada experiencia-memoria? Entonces, ¿cuál es el proyecto político que tienen nuestros escritos si difícilmente podemos localizar al cuerpo? Sin embargo, hay algo de la escritura y de la labor feminista que nos permite sobrevivir. Pensamos la elaboración teórica feminista, la escritura de los múltiples saberes y experiencias, como una hermenéutica en sí misma que otorga sentidos y desprende interpretaciones a medida que acontece.

A su vez, ¿qué cuerpos pueden habitar nuestro cuerpo? ¿Qué voces hablan desde nosotras y qué voces nos comemos? Cuando el cuerpo pide disponibilidad para afectarse ¿damos lugar a nuestra propia alteridad? Por otro lado, si entendemos el feminismo como una ética del cuidado que es fundamentalmente relacional ¿en qué lugares hemos de estar para crear, producir o afectar(nos)? ¿Pensamos en un feminismo relacional que se despliega sólo en relaciones que nos retroalimenten? ¿Cómo crear nuevas sensibilidades que hagan de nuestras vidas experiencias más vivibles y más deseables? ¿Cómo destruir los deseos hegemónicos que nos habitan sin destruirnos a nosotras mismas? ¿Qué sería una ética feminista? ¿Que sería una ética feminista lesbiana? ¿Cómo hacemos una relectura tortillera del feminismo? ¿Le damos un sentido político a los vínculos afectivos de amistad, por ejemplo? ¿Qué significa rechazar la *ciudadanía liberal* desde la disidencia sexual? ¿Cómo integrar las subversiones que introduce la sexualidad en el régimen neoliberal heterosexual en su forma de pensar la subjetividad en relación a otras desobediencias y/o privilegios (de clase o etarias, pensando a la vejez como subversiva para algunes y un privilegio para otres)? ¿Qué binarismos nos recorren? ¿Qué dogmas nos pueden? ¿Qué afectos recorren nuestras investigaciones?

---

[6] Tomamos esta noción del taller "Desgobierno escritural" facilitado por val flores en la ciudad de Mendoza, junio de 2018.

¿Cómo se siente en el cuerpo la lucha contra la normalización pedagógica y epistémica que cultivamos y reproducimos? ¿Qué plasticidad tenemos para trizar esa operación de normalización en el orden micropolítico? ¿Qué contradicciones en la producción de conocimiento advertimos? ¿Cómo se deconstruye la noción de conocimiento y sujetos "neutros" del discurso científico moderno? ¿Qué colonialidades transparenta esta "neutralidad"? ¿Cuáles son las colonialidades que ejecutamos y operan sobre nosotras? ¿Qué elegimos no respondernos? ¿Cómo ejercer un feminismo relacional, disidente y decolonial como episteme sin tematizar sus objetos predilectos: mujeres/género/feminismo(s)?

Entonces nos preguntamos ¿qué es "lo nuevo" para nosotras, feministas? Lo nuevo es desprogramar la amnesia. Sospechar del silencio y hacer visible el olvido impuesto al cuerpo en el decir sobre nosotras mismas. ¿Nuestro cuerpo solamente puede ser testimonio de una escritura? ¿Cómo saber si con nuestro paso en la calle vamos dejando marcado en el asfalto todo lo que desprenden nuestros deseos? La baba, el sudor que chorrea, las cáscaras que abandonamos, la piel que mudamos, el pelo, las lágrimas, la sangre, el dolor, todo queda tirado en el barro de las plazas, en el agua de las acequias. La lucha feminista no se escribe sólo desde la rabia y la herida. ¿Cómo dejar estampada una sonrisa en el vidrio de la puerta de entrada a casa de gobierno? ¿Cómo detectar los trazos que dejan otras compañeras a su paso? ¿Cómo lucen mis huellas en este cemento fresco que desparrama el patriarcado cada tanto? ¿Hacia dónde caminamos? Nuestras huellas son insuficientes para reconstruir un mapa. Por eso escribimos.

Madrinaje Feminista

Amanda "Mandy" Gómez

La maternidad ha sido uno de los tópicos más hablado durante este último año, con mucha más potencia y mandatos enquistados en tiempos que ya no existen con una prepotencia que hace años no se veía, y que tienen la particularidad de aparecer cuando se lucha por la conquista y amplitud de derechos para las mujeres. En la particularidad de la Argentina paso con la conformación del estado nacional (1880), con la ley de sufragio (1947), con el divorcio (1987) y otros tanto derechos. La lupa siempre puesta en las mujeres y el rol que éstas tienen en la maternidad. Se cuestiona cómo estas situaciones podían afectar al estatus social determinado por un marcado y practicado binarismo con roles establecidos para cada género. El peso recae en las mujeres como base de la sociedad y las proveedoras de hijxs para la nación, y en que atrocidades pueden llegar a suceder si estas mujeres no cumplen con su lugar en la sociedad para el cual nacimos. Apocalipsis, fin del mundo, destrucción de familias, ésta última no puede faltar, ¿destruir qué familia?, ¿de qué modo?, son siempre los interrogantes en estas disputas.

El concepto de maternidad se viene revisando, construyendo y deconstruyendo hace ya bastantes años, pero la matriz de pensamiento heteronormativo es aún más difícil de modificar. Las familias ya no son las típicas familias que se podía apreciar en los posters de los años '50, el concepto de familia también se ha visto modificado para poder visibilizar las nuevas realidades. Familias ensambladas, de una sola madre, de un solo padre, de dos madres o dos padres, etc. Sin embargo las tareas de cuidado a tercerxs aún siguen recayendo en las mujeres de la familia o de los grupos familiares, como si mágicamente lo supiéramos hacer. Pero, curiosamente, se está viendo una modificación lenta pero que avanza sobre las "nuevas" paternidades/masculinidades en cuanto a asumir la crianza conjunta de la/s criatura/s en cuestión ¿vuelta a una crianza colectiva?

Volvamos al tema que nos concierne, tanto ser madre o no, tiene sus consecuencias…la vara correctora para cumplir con todo lo que establece el libro de la "buena Madre" y estar en el foco del juzgamiento desde que se comunica el embarazo y las etapas por la cual este atraviesa hasta la culminación con el parto. Y las que eligen no serlo, sorprendiendo a la gente que no suele ser del entorno de una por no querer algo que supuestamente naciste para ser, argumentando e insistiendo en muchos casos con el famoso ¡ya te van a llegar las ganas!, ¡se te pasa el arroz! Frase atroz si las habrá, y si se me pasa el arroz, ya veré qué hago…es mi arroz después de todo.

En lo personal, nunca fui una persona que le gustaran lxs niñxs en general, sólo lxs de gente conocida y no siempre me se relacionar con ellxs salvo algunas excepciones. En los años que transitaba la adolescencia me autoconvencí que sí, que era el regalo más preciado que como mujer(cis) tenía, que era dar vida…convencida por las presiones sociales y religiosas obviamente –formada en colegio de monjas durante la primaria y secundaria–, me creí ese papel y "soñaba" con tener dos retoños en un futuro. Pero el hecho de estar embarazada era algo que me aterraba recuerdo y no sabía por qué, me cuestionaba ¿qué iba a hacer cuando saliera esx "retoño"? Luego de idas y vueltas, el ingreso a la universidad; y lecturas que van y vienen, experiencias y conversaciones sobre el tema; entendí que la maternidad debe ser deseada y debe ser una decisión pensada y proyectada.

Considero que tener hijxs es una gran responsabilidad y que, para ser sincera, no tengo ganas de asumir, ya que el solo hecho de pensarlo me genera demasiada ansiedad y siento que me cuesta respirar. Continuamente reflexiono que conmigo misma ya es suficiente para hacerme cargo de otra persona por el resto de mi vida, la presión sería demasiada. A veces la pienso como una forma de esclavitud, palabra que puede sonar exagerada pero que la vengo pensando desde hace un tiempo ya, tu *yo* queda relegado y estas al servicio de otra persona/ita de forma indefinida. Así como no se nace mujer, sino que se llega a serlo. Se puede decir lo mismo de la maternidad/del maternar. Se llega a ser madre, en lo ideal sería por decisión propia. Y no para cumplir con requisitos sociales de roles y mandatos establecidos siglos atrás, que ya no tienen la misma fuerza de antes.

Escribir desde la experiencia, de las proyecciones, vislumbrar lo impuesto y negarse a aceptarlo tiene sus caminos, unos más caminables, otros con algunas piedras en el trayecto a recorrer. Uno de los más complicados es el entorno más cercano que habitás y que consciente o inconscientemente te habían idealizado en ese papel de futura madre. Como por ejemplo cuando le dije a mi mama que no iba a ser abuela por mi parte porque simplemente no quería y no era algo que deseará. Esas presiones sociales nuevamente, también configuran en la figura de la abuela y sus significancias. Con mi madre he pasado varias etapas, el ser atea –destino en el infierno asegurado-, no querer ser madre –no ser abuela en su caso–, y el ser torta/lesbiana –los primeros años fueron complicados–. Sus proyecciones solían ser una carga, hasta que decidí sacarme esa mochila, porque no era algo mío y nunca lo fue, era algo de lo que ella se tenía que ocupar. Yo no era, ni soy responsable sobre sus idealizaciones, y eso fue difícil de entender –en mi adolescencia– para ambas partes creo.

¿Qué tan difícil fueron esos años? ¿Cuánto tiempo me llevo darme cuenta? Son procesos que revisito de forma constante, y con ello salen a la luz algunas heridas. Pero, cuando hablamos de heridas, ¿de qué tipo estamos hablando? Heridas tenemos todxs, las hay superficiales que pueden dejar marcas –cicatrices de caídas en las rodillas producto de una niñez vivida– y están las heridas emocionales/afectivas, arraigadas en el interior que vuelven a abrirse y sangrar de vez en cuando (que se trabaja para poder cerrarlas) muchas de ellas originadas en la niñez/adolescencia. Y por qué me refiero a las heridas, pues son justamente estas heridas las que me hacen interrogarme mi relación con lxs demás, y son el punto de partida para relacionarme con lxs más peques (niñxs). Me posicionan en el lugar y los sentires que poseía/percibía yo en el transcurso de mi niñez, conociendo y sintiendo el mundo, con creencias y fantasías e ideas varias entre ellas la de no querer crecer, ya que el mundo adulto es complicado… lo que me lleva a preguntarme ¿cómo manejar el tema de las heridas en tan corta edad? ¿Y cómo afecta en la crianza de estxs?

Las circunstancia que son causales de las heridas, ya sea por hechos concretos o personas con las cuales me relacione/relacionaron son varias. Por lo que sólo me centrare en la que tenga que ver con mi madre, tema recurrente en algunos de los seminarios y encuentros feministas transitados en el último año, y hablado entre pares. ¿Cómo se configura su construcción? Y ¿cómo se ejerce ese tipo de relaciones? ¿Qué se espera de la figura maternal? ¿Qué se espera de la figura de hijx? Así como se aprende a ser madre, también se aprende a ser hijx. Obviamente, con todas las cargas emocionales y sociales circundantes. Ya sean relaciones de sangre o no, son dos personas que pueden llegar a entenderse o no. Habrá momentos en que estarán de acuerdo o no. Hay relaciones que parecen conectar de inmediato, otras con el tiempo y tantas otras nunca. El hecho de tener una relación filial, no te obliga a cumplir con las expectativas que se han puesto sobre las partes. Y existen casos en que si no existiera la relación filial madre-hija, como mi caso; estoy segura que ni nos llevaríamos porque somos personas muy diferentes pero que hemos sabido congeniar.

Varios de estos planteamientos también me llevaron a preguntarme sobre las formas de crianza, y los "papeles" que fui asumiendo en el transcurso de la misma. De ser un envase receptor, a empezar a dudar, hasta contradecirla y refutarla en varias ocasiones. Creo que las formas de crianza son proyecciones sobre lo que creen que es mejor para unx, de acuerdo a su formación y perspectiva de la vida. Se nos cría para un mundo que no va a ser el mismo en las décadas siguientes y es ahí donde las ideas y las heridas pueden pesar. Otro de los pasos a la adultes es el darse cuenta que, nuestrxs progenitorxs, también son personas con sus complejidades -errores/desaciertos-, y que sirve para reconocer el trabajo realizado desde el/mi nacimiento hasta la actualidad. Una de las situaciones tal vez sea romper la fantasía de ver a nuestrxs xadres como grandiosxs y empezar a verles como personas con fallas. Ese tipo de relaciones no quiero repetir, o no estar dispuesta a asumir esa responsabilidad: el de la idealización.

Pero todo lo relatado anteriormente y reflexionado no hubiera sido posible si mi hermana no hubiera decidido ser madre. El papel de ser la tía, pero sobretodo el de madrina significó y significa estar en un carrusel de emociones constante, emociones que no sabía que podía tener. Me provoca ternura cuando duerme, "molestia" cuando me despierta a las 6:30 de la mañana, incertidumbre sobre su carácter y posterior desarrollo social en un futuro próximo, ansiedad sobre su ser y tantas otras variantes; ya que es una personita en desarrollo y he asumido la responsabilidad de acompañarla en sus procesos.

Todo el tema del embarazo de mi hermana se dio en contextos bastantes inusuales, justo en medio del debate por el aborto legal, seguro y gratuito. Qué tipo de embarazo tendría, cómo lo llevaría a cabo, cómo cambiaría su cuerpo y sus rutinas, muchas preguntas, miles de preguntas…las cuales ya me provocaba ansiedad el pensarlo, sabía muy bien que no podría pasar por eso. Y no sólo es el cambio corporal, sino el social, el entorno y las preguntas sobre el proceso del feto –quedando muchas veces las mujeres gestantes, relegadas a un segundo plano-. Además lo que parece definir la balanza es el binomio entre ¿nena o nene? ¡Cómo pesa esta pregunta!, de esta forma se comienzan a configurar y proyectar cualidades y trayectos que le marcaran por el resto de su vida, condicionando sus comportamientos y actitudes porque la sociedad lo dice. Lo único que me importa realmente, es que pueda ser quien es, y estar ahí para esta personita.

El madrinazgo es una carga pesada en lo social, y más si es simbólico –el ritual del bautismo católico no existirá-. Que voy a dejar de hacer esto y empezar a hacer aquello, pero para algo decidí no tener hijxs, no quiero renunciar o dejar de hacer cosas. Si puedo lo haré, pero yo tengo mis cosas también -ya me imagino los "¡qué mala tía!"-. Los comportamientos patriarcales son lo que busco evitar, evitar reproducir comportamientos nocivos en la formación del carácter y tratar de acompañar los pasos que vaya dando, con seguridad pero con todas las ansias. Cuando la tengo en brazos no puedo evitar pensarla a futuro, pero también me planteo que el tiempo actual/momento presente es el que cuenta. Y las dudas surgen ¿cómo poner en práctica una crianza feminista, cuando gran parte de su entorno no lo es? ¿Cuáles son los desafíos de un madrinazgo feminista? Y ¿qué entiendo yo por esto? Es el estar, el no limitar las actividades que pueda realizar, el sentirse acompañada, en incentivarla a hacer lo que le guste, a respetar, a construir lazos de confianza. Crecer juntas en este camino; y poder decirle con total honestidad: "no sé cómo será el mundo en unos años, pero quiero que estas segura de algo, y es que confíes en vos y de lo que sos capaz".

El desafió de ser una madrina feminista es algo que estoy dispuesta a asumir, desde el vocabulario que uso, la actitud que tomo en su comportamiento. El desafío de acompañar a esa personita desde sus primero pasos y apoyarla en todo lo que vaya viviendo. Jugar, jugar mucho. Y darle la confianza cuando empiece a comprender las cosas y que puede hacer todo lo que sienta ganas de hacer (dentro de las limitaciones reales). Poder ser alguien para ella, ser esa persona que yo necesité cuando fui creciendo, camino que muchas veces lo hice en forma solitaria.

Escribir desde la experiencia propia como hija -que a medidas que vas creciendo y convirtiéndote en adulta el peso es diferente- y como tía, "desafiando" o no cumpliendo con las expectativas que se me habían proyectado ha sido un camino de aprendizaje constante, durante lo que llevo de vida y desde el embarazo de mi hermana hasta la fecha. Pero las preguntas parecen nunca acabarse, como quien abre el bolso de Mary Poppins o de Hermione, de fondos interminables. ¿Qué temores surgen en la crianza de una persona pequeña? y ¿cuáles son las herramientas feministas de las cuales disponemos, que se "adecuen" a los tiempos actuales?, ya que algunas recetas de la abuela han caducado.

Pensar a futuro implica muchas variables, y pensar(nos) en un futuro feminista implica muchas más. Por eso busco evitar la proyección e idealización que puede llegar a "caerle" a mi sobrina y a otrxs tantxs peques que conozco ya que puede ser un gran error, y en lo posible evitar causar heridas innecesarias. Sobre lo que deberían ser o cómo deberían comportarse. El desafió no es sólo lograr un "madrinaje feminista" sino además, evitar repetir la historia de imposiciones patriarcales heteronormadas para que las infancias y futura adolescencia/adultes sean lo más vivible posible.

En nuestra(s) cabeza(s) "de-formadas" mujer(es): ¿Sujetas o objetos de estudio?

Paula Caldo[1]
Agustina Mosso[2]

Este ensayo está atravesado por la pregunta: ¿cómo nos posicionamos las mujeres dedicadas a la producción de conocimiento (en nuestro caso social, más específicamente historia) cuando de estudiar a otras mujeres se trata? De allí, el interrogante que subtitula el texto: *las visualizamos como objetos o como sujetes de estudio*. Nos aventuramos a afirmar que la reflexión sobre la diferencia establecida por la pregunta marcará discusiones y fisuras epistemológicas.

Ahora bien, para introducir el tema, apelamos a un ejemplo tomado de los recursos de la cultura. En 2018 se estrenó *La favorita*, una película dirigida por Yorgos Lanthimos. El contenido nos impactó. Pero, como siempre sucede, para verla en los cines argentinos, ni qué decir rosarinos (el interior) aunque podríamos usar la expresión "latinoamericanos", tuvimos que esperar al inicio del 2019, siempre en esa cadencia diferida que demora unos sentidos pero habilita otros, en el entretiempo y entre las traducciones (doblajes, subtítulos, etc.). La trama fílmica basada en la vida de Anna de Inglaterra, última monarca de las casa de los Estuardo, pone en escena una relación entre tres mujeres: Anna, la reina, su consejera Sarah y la criada, Abigail.

[1] Paula: ISHIR/UNR-CONICET. Doctora en Historia y Licenciada en Ciencias de la Educación. Investigo en la línea de historia con mujeres en perspectiva de género. paulacaldo@gmail.com

[2] Agustina: ISHIR/UNR-CONICET. Licenciada en Ciencias de la Educación, Becaria de Conicet, Doctoranda en Estudios de Género (UBA). agustina_mosso@hotmail.com

Tres mujeres ocupando distintos rangos en la escala social y articulando así diferentes instancias de poder y de sometimiento. La estrategia de la reina se ve repetidas veces resistida por las tácticas de sus inferiores, quienes urden planes para sobrevivir en el juego de la sociabilidad y del poder de la corte. Ninguna sumisión, ni delicadeza, ni cuidado opera para dirigirse a quien se considera una alteridad y obstáculo en el camino del reconocimiento y de la consagración social.

La película, excelentemente ambientada en la Inglaterra victoriana, ilustra el sigiloso, articulado, razonado y a veces cruel modo de entramarnos que experimentamos las mujeres cuando nos relacionamos entre nosotras. Con notas de sometimiento físico, sexual, intelectual, sentimental y económico se maduran vínculos jerárquicos y tensos aunque no exentos de resistencias "desde abajo" y también de solidaridad.

Entendemos que las mujeres inglesas supieron dejar sugerentes huellas de sus vínculos. Justamente, capitalizándolas, Sharon Marcus estudió el mapa de las relaciones entre mujeres en la Inglaterra del siglo XIX, situando allí como posibilidad la amistad, el deseo y también el matrimonio. En esos trazados el afecto tamizado entre la amistad y el deseo sexual (lésbico) articulaba escenas femeninas que sostenían la visualidad y dinámica de los matrimonios femeninos socialmente aceptados. Las esposas o el esposo, la esposa y su amiga/asesora/amante eran escenas frecuentes y concretas en el paisaje social (Marcus, 2009).

Ahora bien, esas tensiones, acuerdos, malentendidos, facturas y amores entre mujeres que el cine y la crítica literaria muestran, repercuten en una pregunta que nos inquieta: ¿cómo opera en términos de poder y simetrías el vínculo mujer investigadora/observadora – mujeres objeto o sujeto de estudio?, ¿Cómo se expresa y ordena ese vínculo totalmente provocado por la parte que investiga y muchas veces no asumido (ni siquiera consciente) por la investigada? En otras palabras, cuando una mujer decide estudiar/analizar/describir a otras mujeres, cómo se ubica ante ellas: como académica, como par, como parte de una misma lucha, como mercenaria, como investigador (el yo de la académica que es masculino)… Sin dudas, según sea el lugar desde donde nos pronunciamos será el posicionamiento que asignaremos a nuestra pesquisa.

Se pretende "sobreentender" que toda mujer cuándo investiga problemas que afectan a mujeres, explícita o implícitamente, está adhiriendo a postulados feministas, en tanto es una problemática que debe negociarse en la agenda del campo académico y científico pero también, con su trabajo, aporta a la consecución de intervenciones empíricas, balances de luchas, transformaciones en las dinámicas sociales, argumento para discutir regulaciones, etc.

Sin embargo, sabemos que no es tan así. A riesgo de generar suspicacias, existen investigadoras que miran a las mujeres como objetos de estudio. Esa distancia que exige el tratamiento metodológico del objeto, sitúa a esas otras en una dinámica disciplinar que aporta resultados eruditos más no políticos/experienciales. Es decir, se aplica el mismo método indistintamente del objeto en cuestión. De tal modo, se puede producir conocimiento sobre las mujeres sin ser feminista ni militante. Precisamente, la descripción empírica y contextualmente situada muchas veces obstaculiza la vinculación con la agenda de problemas científicos. Por otra parte, tenemos otras investigadoras que se acercan a las canteras de la ciencia para problematizar situaciones presentes a los efectos de evaluar estrategias de resistencia, luchas, tácticas, posibilidades históricas, intervenciones teóricas. Esas mujeres son las que se pueden ver en las marchas, en los encuentros de mujeres, nadando en la marea verde y empatizando con sus otras sujetas de estudio (y no objetos).

Cuando una mujer observa a sus congéneres…

Con el fin de ejemplificar lo antedicho, revisaremos la experiencia de escritura de una mujer intelectual que, en el año 1923, decidió describir a sus congéneres. A resultas de ese ejercicio, Herminia Brumana publicó *Cabezas de mujeres*. Las palabras introductorias del libro fueron simples y concretas: "Son mujeres de mi pueblo: Pigüé" (Brumana, 1958: 41), una pequeña localidad de la provincia de Buenos Aires. Esas cabezas aportaron una composición de estilos femeninos estereotipados por la pluma de la maestra escritora, poeta, crítica de la cultura, dramaturga, pero también esposa del Dr. Juan Solari y madre de Juan Antonio (Caldo, 2018).

Gracias a las páginas de ese libro supimos que por las calles de Pigüé se cruzaban: la de 25, la de 35, la maestra, la engreída, una socialista, la que tuvo un hijo, la confidente, la mancillada, una trabajadora, de novia, delicada, una intelectual, la viejita pobre, la indispensable, la agregada, la viuda, la recién casada, las cobardes, las frívolas, las culpables, las desorientadas, entre otras (Brumana, 1958). A simple vista cuesta descubrir el criterio aplicado por la autora para ordenar esas vidas femeninas: ¿la edad, las preferencias sexuales, la participación política, el oficio, la actitud, el estado civil, la conducta públicamente evaluada, la mirada de los otros, la disponibilidad de recursos…? No lo sabemos. Aunque, lo común a todas coagula en una identidad, ser un retazo de las mujeres del pueblo. Entonces, al tiempo que la pluma de Brumana recupera el estereotipo de "la pueblerina", su descripción se ejerce desde otra condición no menos estereotipada, la mujer inteligente de los años treinta y cuarenta. Una mujer que, pese a su trayectoria militante, fue repetidas veces presentada como la poetiza esposa del Dr. Solari que daba notas periodísticas en compañía de su hijo.

Ahora bien, Brumana escogió como objeto de escritura a las mujeres de su pueblo, las describió y caracterizó pero también las visibilizó. Ella relató los dramas minúsculos de sus congéneres ocurridos en el devenir de la vida cotidiana. Los nombres propios de sus muchachas no son referencias en los archivos, ni en los catálogos de bibliotecas ni en las portadas de libros, ni siquiera en las páginas de sus *Cabezas de mujeres*. Sin embargo, punzan en la historia, escabullidos bajo el gran paraguas de un rótulo colectivo que, muchas veces, se pronuncia en singular: mujer. De todos modos, algo las distingue, pequeños detalles, obligando a la autora a usar el plural: la edad, el deseo, el sufrimiento, la pasión. Una mujer y muchas, demasiadas para albergarlas en una sola palabra.

Pero, Herminia al escribir(las), se escribe. La escritura es un punto de intersección donde la subjetividad y las identidades de género coinciden para confirmarse, encontrarse o darse la posibilidad de ser algo diferente. Así, mientras afirma la existencia de sus mujeres, confirma su diferencia y su identidad de mujer inteligente, autónoma, madre y esposa que ya no forma parte del pueblo (en 1923 hacía dos años que residía ya en ciudad de Buenos Aires).

Finalmente, la autora también encarna un estereotipo: maestra, madre, esposa, militante, poetiza. Desde ese lugar, mira a sus congéneres y las describe acentuando en todas ellas un aspecto que estima negativo, en esas trayectorias femeninas prima más la mirada del otro, que el deseo personal y la fuerza de auto-realización. Todas ellas buscan la belleza en el adorno y no en el trabajo, la autonomía y el intelecto. Sin dudas, para Brumana una mujer bonita es la que cultiva su sabiduría y su libertad. Así, ella observa a sus congéneres pueblerinas y se advierte diferente, incluso mejor. Finalmente, al tiempo que su pluma corre, las mujeres de Pigüé se vuelven objetos de la escritura.

Nuestras cabezas de mujeres

Leer es experimentar un viaje que sacude, marea, enrarece, al punto tal que al dar vuelta la última página ya no sos la misma. Eso nos pasó con la descripción de Brumana y sus otras. Justamente, esa conmoción nos permitió pensar, pensarnos e hilvanar historias y preguntarnos, esas pueblerinas, dónde se encontraban (si es que lo hacían), qué soñaban, dónde y cómo dormían, cómo vestían, qué comían, amaban, se erotizaban, sufrían, lloraban, deseaban ser madres, querían estar ahí, conversaban, sintieron la necesidad de abortar, odiaban, experimentaban fantasías sexuales (con quién), etcétera.

Ese ejercicio de imaginación que provocaba cruces entre esas vidas femeninas, tarde o temprano, invita a pensar en nuestras cabezas de mujeres, la tuya, la nuestra, la de ella, la de cualquiera que se diga mujer-femenina, heterosexual (¿heterosexual?). Pregunta: Cómo sería el índice de unas *Cabezas de mujeres* de espacios urbanos argentinos del siglo XXI que no caigan en la frialdad del objeto de estudio/observación.

Al entrar en la dinámica de tramar una respuesta, al pensar a las otras nos pensamos, nos escribimos, nos permitimos (por afirmación o negación). Entonces decimos…, por edad: la de 15, la de 25, la de 30, la de 40, la de 50 y así, por generaciones, pero también la que usa pañuelo verde y no abortó y la que abortó y usa pañuelo celeste. La que tuvo un hijo sola (incluso por subrogación de vientre); la que se prostituye y la que explica la prostitución (abolicionista o reglamentarista); la que no quiere ser madre; la que se casó con un señor importante y hoy es doctora; la que se frustra porque con solo estudiar y formarse no alcanza; la que a pesar de todo sueña; la que quiere ser modelo; la que es modelo; la anoréxica/bulímica; la frustrada porque después de todo no se casó y la que se casó y es frustrada. La que desea al marido de su prójima y la que desea a su prójima. La que viaja con el cuerpo, la que se droga, la amante, la que no tiene orgasmos, la feminista, la lesbiana, la católica, la profesional casada y madre, la que con todo no puede, la mujer independiente que no conduce autos, la que conduce y choca, la cocinera exitosa, la empresaria, la actriz abortista, la madre después de todo, la kirchnerista y la chica pro, la profesional exitosa, la esposa de Dios y la esposa del pastor, la militante, la sindicalista, la dedicada a la política, la enamorada, la escritora de novelas, la maestra, la analfabeta, la madre de 12 hijos, la empleada doméstica y la portera… Mujeres, ¿mujeres?, tantas como experiencias y como deseos de asumir finalmente la pertenencia a un rótulo colectivo que siempre resulta estrecho.

Un paréntesis… Explica val flores[3]: "Cada gesto minúsculo del escribir potencia la intensidad de las memorias y localizaciones que cada variedad del decir construye. En las entrañas del ardid para desaprender y evitar las fecundaciones y automatismos macro-operativos de la matriz colonial del pensamiento, el detalle y el accidente importan. Porque es allí donde se resiste la sobreimpresión del lenguaje tecnificante de la norma y aparece la singularidad de una voz y una escritura con sus tonos, intensidades, texturas, ritmos, para (re)inventar y (re)crear ficciones desde el precario lenguaje de la experiencia de sí y multiplicar nuestra propia vida así como las posibilidades de existencia…" (flores, 2017b:7-8).

Cerramos paréntesis y preguntamos: ¿Quiénes seríamos nosotras después de todas esas escrituras? Las que siempre fuimos a la escuela para aprender a ser algo que no nos sale tan bien pero que intentamos todos los días. También, hijas del patriarcado que no quieren ser madre y cotidianamente preguntan por qué hacemos lo que hacemos y nos gusta lo que nos gusta. Ese por qué obliga necesariamente a buscar argumentos que desnaturalizan las prácticas. Una, finalmente, es empujada al mundo femenino sin consentimiento. Rápidamente colores, tonos, sabores, prácticas, gestos, modales, ritmos se adosan a la vagina y rápidamente somos lo que somos: femeninas. La primer ropa fue blanca, la de casi todos, todas, todes lo es… "Los angelitos no tienen sexo", dijo alguna tía mayor, pero a estos angelitos se les prescribe rápidamente qué hacer y qué no, se los "des-angeliza", se "los sexualiza" aunque no queremos educación sexual en las escuelas. Y como crónica de un desenlace esperado: una deviene rosada. Helado rosado, caramelos rosados, vestidos rosados, esos apacibles colores pasteles que ornamentan el mundo de las mujeres y vos estas ahí, obnubilada sin poder decir nada, pero asu-

---

[3] Por explícito pedido de la autora se la citará val flores. Ella dice: "las minúsculas en el nombre propio, es una estrategia de minorización del nombre propio, de problematización de las convenciones gramaticales, de dislocar la jerarquía de las letras, una apuesta al texto antes que a la firma de la autora, percibir el nombre propio como un espasmo de una ficción llamada "yo", un yo deslenguado que funciona como eco de muchas otras voces, que reviste un tono singular en las ondulaciones del texto en el que no cesa de latir ese barullo colectivo…" (flores, 2017a: 5).

miendo todo, poniendo el cuerpo… Hasta que un día, casi por accidente cae un libro en tus manos… Leés, y después mirás, y primero ves todo igual y después distinguís y preguntas: ¿soy así o llegué a serlo?… Entonces entendés o crees hacerlo: somos hijas del patriarcado por efecto de la educación recibida y asumida, empero podemos dejar de serlo. ¿Es fácil? No sabemos…, hay tradiciones tan enquistadas que modelan hasta nuestros sueños y fantasías (no sólo generadas por las princesas que Disney supo reinventar –arrancándolas de las garras de la literatura popular dieciochesca–, sino también por el relato de la pornografía que nos enseña a ser dóciles, sumisas y penetradas). También se puede elegir ser rosada a sabiendas de que es una elección. Sí, no como única opción, sino rosada por elección. Entonces la historia cambia. No se nace mujer, se hace, escribía Simone de Beauvoir hace muchos años atrás, pero no más atrás que los años de las *Cabezas* de Brumana.

Ahora bien…, afirmamos: somos efecto de múltiples educaciones. Esto es, de esa acción a partir de la cual nos presentan el mundo, para que nos situemos e inscribamos en él. Justamente, ese acto de presentación está eminentemente generizado. En este sentido es interesante cuando Rita Segato escribe: "Llamo pedagogía de la crueldad a todos los actos y prácticas que enseñan, habitúan y programan a los sujetos a transmutar lo vivo y su vitalidad en cosas" (Segato, 2018:11)… Avanzando algunos párrafos afirma: "la contrapedagogía de la crueldad tendrá que ser una contrapedagogía del poder y, por lo tanto, una contrapedagogía del patriarcado" (2018: 15). Sabemos que la pedagogía reflexiona, prescribe, analiza, explica, interviene sobre las problemáticas vinculadas con la educación. Cuando ese saber-hacer se adjetiva con la expresión "crueldad" a los fines de explicar procesos de cosificación de las vidas humanas se encienden alarmas. Más aún, cuando esos procesos de cosificación se vuelven constitutivos del patriarcado, una forma de relación política y social donde las mujeres somos confinadas al plano doméstico de la vida. De este modo, el desafío pedagógico es pensar otras educaciones donde podamos liberarnos de los determinantes genitales situando, finalmente, la igualdad en el punto de partida de nuestras trayectorias y elecciones, más allá de los géneros posibles. Entonces, a resultas de esas nuevas pedagogías, proyectaremos vínculos diferentes, incluso aquellos contraídos en el plan de la investigación, para devolver la agencia de la vida a aquellas sujetas de estudio.

Nos inquieta pensar cómo las mujeres referenciamos a nuestras congéneres cuando éstas son parte de nuestras investigaciones/escritura. Entendemos que los entre mujeres están atravesados por situaciones de poder que nos obligar a revisar desde dónde aprendemos a trabajar con otras, a sostener jerarquías, valoraciones, estrategias y condiciones de posibilidad de nombrarlas como parte de los procesos sociales.

Finalmente

A modo de saldar respuestas, nos permitimos cerrar con las palabras de una historiadora nacida en La Habana en 1935, Asunción Lavrin.[4] Ella dice: "como historiadora me gustan los recuerdos. De hecho, los recuerdos son la materia viva de mi profesión que tiene el empeño de que sigamos siempre en busca de voces dadas por perdidas, de escritos e imágenes que esperan pacientemente en archivos y bibliotecas para darnos ese placer enorme de dialogar con el pasado, de hallar el significado que tuvieron para quienes nos dejaron huellas de su presencia en ellos, con la esperanza de que un día nos reunamos de nuevo con sus vidas. La reunión que propongo hoy es breve, pero llena de respeto y afecto" (Lavrin, 2008: 421).

En el centro de su cita anidan tres expresiones que, diálogo, respeto y afecto, al coincidir proyectan vínculos simétricos, igualitarios y compartidos. Así, las investigadoras nos acercamos al pasado de nuestras congéneres para descubrir en ellas el contenido de una herencia que para recibir debemos estudiar, reconocer y asumir. En otras palabras, "algo" de lo que hoy somos, estuvo allí y para conocerlo debemos pensar en ellas como partes de una misma (no son objetos, sino sujetos de estudio).

---

[4] "La historia del feminismo es intelectual y social. Para trazar su recorrido hay que analiza ideas y actividades que forman parte de un proceso de cambio social, no un mero reclamo de derechos precisos" (Lavrin, 2005:18), explica Asunción Lavrin en la que será una de las obras pioneras de estudio histórico del feminismo en el cono sur (Argentina, Chile y Uruguay). Elegimos a esta historiadora nacida en Cuba y formada en Estado Unidos, porque militó un lugar para el feminismo y las mujeres en la historia latinoamericana, siendo una cita pionera de referencia obligada.

Referencias

Brumana, Herminia (1958). "Cabezas de mujeres". En Herminia Brumana, *Obras completas* (págs. 39-93). Buenos Aires: Edición Amigos de Herminia Brumana.

Caldo, Paula (2018). "Tizas y apuntes: costumbres en común. Maestras, libros y prácticas de enseñanza en la Argentina de 1930". En Flavia Fiorucci y Laura Graciela Rodríguez, *Intelectuales de la educación y el Estado: maestros, médicos y arquitectos* (págs. 115-140). Buenos Aires: Universidad Nacional de Quilmes.

Lavrin, Asunción (2008). "Recuerdos del siglo XX: la participación de las mujeres en la educación". En Luz Elena Galván Lafarga y Oresta López Pérez, *Entre imaginarios y utopías. Historias de maestras* (pág. 421-444). México: Publicaciones de la Casa Chata.

Lavrin, Asunción (2005). *Mujeres, feminismo y cambio social en Argentina, Chile y Uruguay 1890-1940*. Chile: Centro de Investigaciones Diego Barros Arana.

Marcus, Sharon (2009). *Entre mujeres. Amistad, deseo y matrimonio en la Inglaterra victoriana*. Valencia: PUV.

flores, val (2017a). *Interruqciones*. Buenos Aires: AT.

flores, val (2017b). *Tropismos de la disidencia*. Chile: Palinodia.

Segato, Rita (2018). *Contra pedagogía de la crueldad*. Buenos Aires: Prometeo.

Feminista para qué, feminista para quién. Habitar en la intersección entre trabajo académico y práctica feminista

Claudia C. Anzorena

> "Una no se vuelve una defensora de la política feminista simplemente por tener el privilegio de haber nacido mujer. Como en todos los posicionamientos políticos, una se vuelve partidaria de la política feminista por elección y por acción (…)
>
> Antes de que las mujeres pudiéramos cambiar el patriarcado, teníamos que cambiarnos a nosotras mismas, teníamos que tomar conciencia" (bell hooks, 2017: 29).

En este ensayo ahondaré en mis devenires en el habitar las fronteras entre la academia y el activismo feminista. Como feminista, activista y trabajadora de las ciencias sociales me pregunto cómo se articula la toma de conciencia propia de la opresión/subalternidad con el trabajo científico para entenderme y entendernos. Tomo mi propia experiencia y voz como punto de anclaje. Se trata de un ejercicio de autoobservación en busca de entrelazar mi experiencia personal con la práctica política y la trayectoria académica. Pongo en valor el vivir en el propio cuerpo y subjetividad la no hegemonía de acuerdo con el género, la racialización o la clase para hablar de la subalternidad, la opresión, la explotación. En este sentido es que comparto segmentos de mi memoria en la toma de conciencia teórica y práctica / práctica y teórica en la búsqueda de caminos para la comprensión y la transformación de las relaciones de dominación[1].

[1] Soy consciente que la relación entre academia y activismo es tensa con fuertes disputas por los sentidos. Pero mi intensión en este ensayo no es entrar en esos debates, sino compartir cómo vivo en mi experiencia el habitar en esa frontera, porque para mi teoría y activismo son inescindibles en mi práctica cotidiana.

Estas reflexiones no son acabadas. Tampoco son individuales ni atemporales. Tienen que ver con la gran movilización que se dio especialmente durante el año 2018 en torno al debate de la Ley de Interrupción Voluntaria del Embarazo que, en Mendoza, nos encontró activas y organizadas en la Campaña Nacional por el Derecho al Aborto Legal, Seguro y Gratuito (CNALSG). Desde hace años participo de espacios de lucha por la reivindicación de los derechos sexuales y reproductivos, sobre todo, en relación con el aborto voluntario. Fui parte de la creación simbólica y práctica de la Campaña que se lanzó en mayo de 2005, lo que me hace sentir maravillada con el nivel de movilización de la que se convirtió en la "Marea Verde".

Los momentos de condensación de las luchas y procesos históricos que venimos impulsando desde hace décadas, en consonancia o en tensión con nuestros feminismos plurales, diversos, heterogéneos, tirantes, impacientes, nos exigen pensarnos en nuestras formas de vincularnos no sólo hacia el espacio donde buscamos instalar nuestras demandas, sino también entre nosotras, como feministas. Estos espacios de reflexión colectiva nos traen y se sustentan en la experiencia y el testimonio que son una de las maneras que tenemos las subalternas y les subalternes para construir teoría, práctica y política feminista (Rodríguez Agüero y Grasselli, 2008; Bach, 2010; Yañez, 2015). Porque ni los testimonios ni las experiencias que podamos aquí compartir son asuntos individuales, sino que hacen a la construcción colectiva de saberes a partir de prácticas concretas y son fundamentales para reflexionar sobre nuestros feminismos.

Salud y derechos sexuales y reproductivos como condensación de las luchas feministas

Durante el "Seminario: Experiencias y narrativas contemporáneas de los feminismos del Sur. Debates políticos actuales", que coordiné junto con Mariana Alvarado[2], nos propusimos hacer emerger y tensionar una serie de debates alrededor de la categoría género, de las violencias machistas y prácticas heteropatriarcales, del femicidio, de los cuerpos, prácticas y sexualidades disidentes. En este marco, surgió con fuerza un tema recurrente en la frontera entre academia y activismos de los feminismos (me

---

[2] El seminario se desarrolló en la Facultad de Filosofía y Letras de la UNCUYO entre abril y mayo de 2018.

atrevo a decir) globales: las decisiones de las mujeres y personas con capacidad de gestar sobre sus capacidades reproductivas.

Estas reivindicaciones se arraigaron con fuerza en los feminismos occidentales de los años 60. En la búsqueda de la reapropiación de la autonomía sobre los cuerpos fueron construyendo categorías teóricas y políticas para instalar en el espacio público sentidos feministas, para denunciar injusticias, para ampliar derechos, para acompañar y solidarizarse con las otras. En este proceso, la salud y derechos sexuales y reproductivos precisaron una serie de debates en torno a las sexualidades y a la reproducción, pero también sobre la intervención estatal como reguladora de las experiencias y los cuerpos de las mujeres e identidades con capacidad de gestar.

En este devenir se refleja parte de la historia y de las transformaciones de los movimientos feministas del Norte y del Sur, desde que la autonomía, la reapropiación de los cuerpos, el libre ejercicio de la sexualidad, la resistencia a los mandatos de la maternidad y la heterosexualidad obligatoria se pusieron en el centro de la escena de sus reivindicaciones (Di Marco, 2011; Gutiérrez y Durand, 1998). No se trata de una categoría simplemente creada e impuesta por los organismos internacionales a los Estados, sino que se trata de la construcción y politización de una demanda en la articulación entre práctica política y práctica teórica que aún hoy sigue en proceso y en disputa, que logró instalarse con gran resistencia en espacios institucionales y hace evidentes las paradojas de dicha institucionalización (Brown, 2008; Anzorena, 2018).

Además, se muestran las diferencias en las necesidades y demandas planteadas por los movimientos de diversas latitudes, porque mientras que en la mayoría de los países del Norte global lograron en la década de 1970 leyes que ampliaron, despenalizaron y regularon el acceso al aborto voluntario, en Latinoamérica y el Caribe, el aborto sigue siendo ilegal y penalizado en casi la totalidad de los países, inclusive algunos al extremo de no exceptuar la criminalización ni en caso de riesgo de la vida[3]. En este sentido, la autodeterminación sobre el propio cuerpo, el libre ejercicio de la sexualidad y el control sobre las capacidades reproductivas siguen siendo un desafío para los movimientos feministas del Sur en su diversidad[4].

[3] Ver mapa interactivo leyes de aborto en el mundo https://reproductiverights.org/worldabortionlaws.

[4] Las paradojas alrededor de estos desafíos no tienen fin ni en el hemisferio norte ya que a la vez que países como Irlanda y Corea del Sur legalizaron el aborto volunta-

En Argentina este debate se reeditó con el retorno a la democracia a mediados de 1980 pero tomó una fuerza inusitada entre marzo y agosto de 2018 con las reuniones informativas y el debate en el Congreso de la Nación sobre el Proyecto de Ley de Interrupción Voluntaria del Embarazo. Este proyecto, elaborado y presentado por la CNDALSG, obtuvo media sanción en la Cámara de Diputados/as el 14 de junio y fue rechazada en el Senado, por una diferencia de 6 votos, el 9 de agosto, ante multitudes que se agolpaban en las inmediaciones del Congreso en la Ciudad de Buenos Aires y en los sitios emblemáticos de diferentes puntos del país. Lo ocurrido en 2018 marcó un hito en los debates políticos actuales (que observamos por ejemplo en la campaña electoral que se desarrolla este 2019) y en una tensión en la que vengo indagando: aquella que se suscita entre reivindicaciones feministas e intervención estatal. Hay una brecha insalvable entre lo que reivindican las feministas (que a veces se convierte en demandas al Estado) y cómo se configura la intervención estatal en virtud de la garantía de los derechos que reconoce. Las complejidades de esta tensión obligan a pensar en torno al sentido de tomar al Estado como interlocutor y a las expectativas puestas sobre sus instituciones, en vistas a que, por su propia conformación capitalista, colonial y heteropatriarcal, sus respuestas tienen límites y escasas posibilidades (Sagot, 2017; Segato, 2015; Valobra, 2015; Anzorena, 2013; 2018).

Estos acontecimientos que impactaron en el orden de la experiencia colectiva de quienes luchamos por la autodeterminación de las mujeres y personas trans, también me sacudieron en el orden de mi experiencia personal. Me condujo a correr el eje de los debates teóricos y políticos y a pensar no sólo para qué soy feminista sino también para quién soy feminista. Y si el feminismo es para todo el mundo - como señala bell hooks (2017) – también es para mí. Así me encontré situada en la necesidad de repensar mi historia, recordar cómo llegué a ser feminista y por qué sigo habitando este espacio personal y político.

Feministas no sólo para qué sino también para quién

Las mareas comenzaron a removerse unos meses antes de 2018. El día 28 de septiembre de 2017, en el marco de Un Grito Global por el Aborto

rio (2018 y 2019 respectivamente), en 16 Estados de EEUU se aprobaron leyes que restringen el acceso al aborto al punto de temer que se vuelva a penalizar el aborto en el país.

Legal[5], desde la CNDALSG en Mendoza organizamos una marcha de la que fui "contacto de prensa". Esto implicó, como hacía tiempo no me ocurría con tanta intensidad, que llamaran de radios y diarios para hacer notas y entrevistas. Me realizaron muchas preguntas: desde por qué el aborto debe ser legal, por qué las mujeres abortan, por qué no se cumplen las excepciones existentes, por qué nuestra posición no es fundamentalista cuando sostenemos que la de quienes están en contra si lo es, etc. Tuve que desempolvar mis respuestas. Esta situación fue exponencial entre marzo y agosto de 2018 mientras se debatía el Proyecto de Ley IVE y continúa hasta la actualidad con las repercusiones que dejó el tema instalado en el espacio público.

Entre las actividades del 28 de septiembre hubo una charla en la Facultad de Derecho de la UNCuyo donde Fabiana Grasselli habló sobre La Malona, una colectiva feminista de Mendoza a la que ambas pertenecemos, que brinda información y acompañamiento para el aborto seguro. Fabiana planteó cómo las mujeres que necesitan abortar quedan arrojadas a un territorio desolador de clandestinidad, de incertidumbre, de desamparo, de miedo, mientras el "Estado responsable" las deja solas con su suerte. Entonces, mientras el Estado abandona a las mujeres, las feministas las acompañamos.

Además, en esos días leí el manuscrito de un artículo donde Laura Klein (2018) plantea cómo los discursos tanto a favor como en contra de la legalización del aborto hacen una especie de abstracción de las mujeres: los contrarios, en cuanto ponen el acento en una vida potencial y abstracta y los favorables en cuanto lo convierten en un discurso de derechos que se vuelve también abstracto en relación con las vivencias concretas. Esto me hizo pensar que muchas veces nos abstraemos no sólo de la experiencia de las otras, sino también de la propia cuando racionalizamos y argumentamos porque muchas veces así lo requiere tanto el discurso académico como el discurso militante. Inclusive a veces nos abstraemos, por ejemplo, del hecho mismo de portar cuerpos expuestos a embarazos no intencionales/ inesperados/ no deseados/ involuntarios,

---

[5] Durante el Encuentro Feminista de Latinoamérica y el Caribe, Argentina, a través de la Campaña Nacional por el Derecho al Aborto Legal, Seguro y Gratuito tomó la coordinación regional de la "Campaña 28 de septiembre para América Latina y el Caribe por la despenalización y legalización del aborto en la región" (https://reddesalud.org).

lo que nos coloca en el lugar de afectadas directamente por las políticas que restringen el control de las capacidades reproductivas.

Entonces, este interactuar con los medios, escuchar a Fabiana Grasselli y leer el artículo de Laura Klein me fueron mostrando este perder y encontrar los cuerpos y las experiencias de las mujeres y les sujetes subalternes, esta construcción de un discurso racional, para hacer social y mediáticamente aceptable aquello que estamos demandando porque es justo[6]. Y en estos devenires ¿hasta qué punto se diluye mi experiencia personal y las experiencias de todas aquellas con las que conectamos?

En mi ubicación personal, ¿por qué hablo de derechos sexuales y reproductivos?, ¿de aborto?, ¿por qué me preocupan y ocupan estos tópicos? Y sentí la necesidad de volver a pensar qué me trajo hasta aquí y qué hace que permanezca.

Mi mente dejó los derroteros de los límites y posibilidades de la institucionalización y me llevó a mi propia experiencia. Son muchas las historias que conozco, las mujeres que he acompañado, con las que he sufrido y he vivido la experiencia del aborto más o menos cercanas, desde muchos años antes de que nos organizáramos en grupos de socorrismo o de acompañamiento: desde dar un dato por teléfono, ir a un médico y esperar, hasta estar en un baño controlando cómo sangraba una amiga mientras ella lloraba de dolor y preocupación y preguntaba "¿es normal?".

Cuando empecé a circular por los feminismos, tanto académico como militante, varias veces me preguntaron por qué era feminista. En mi transitar por la Facultad de Ciencias Políticas y Sociales (UNCuyo) empecé a identificarme como feminista (tenía 19 años, hoy tengo 42). Causaba asombro porque en los 90 lo que convocaba (contexto: menemismo neoliberal) eran las tomas en contra de la privatización y en defensa de la educación pública. En ese momento, cuando decías que eras feminista no era bien visto: era individualista, secundario, hasta ridículo. Además, soy blanca, de clase media, con acceso a la educación. No era víctima de violencia. No parecía que hubiera trabas para mi acceso al empleo o para mis decisiones reproductivas. Una vez me dijeron que ser feminista era

---

[6] Además, durante julio de 2018 presentamos el libro *Código Rosa. Relatos sobre aborto* de Dahiana Belfiori (2018) que me dio la oportunidad de volver a escuchar a Laura Klein en Buenos Aires y a Fabiana Grasselli en Mendoza. En este libro Belfiori recoge testimonios de mujeres que han abortado con acompañamiento feminista. Durante el Seminario tomamos algunos de estos relatos como puntapié para pensar cómo nos interpelaba la experiencia de otras en nuestras propias experiencias.

anacrónico, que "las mujeres" ya teníamos los mismos derechos y que en todo caso eran demandas pequeño burguesas y extranjerizantes. ¡Y vaya! Yo toda mi vida había sentido y seguía sintiendo que no tenía ni los mismos derechos, ni las mismas oportunidades, ni las mismas posibilidades, ni los mismos permisos que mis "pares" varones. Básicamente había una gran cantidad de límites que yo no podía o no debía traspasar por ser "mujer".

En mi niñez lo que sentía en relación con mis asignaciones de género era incomodidad y resistencia: no quería jugar en el "rincón" de las nenas, quería salir a la calle a cualquier hora como mis amigos varones. En la adolescencia lo que me comenzó a rondar fue el miedo: miedo a andar sola por la calle, miedo al acoso, al manoseo, a la violación, inclusive al secuestro, pero también miedo a vivir mi sexualidad libremente, a quedar embarazada, a decepcionar, a deshonrar, a la gordura, a estar mal vestida, a no encajar, a no gustar, a no ser deseable. Y todos los dispositivos sociales, mediáticos, familiares refuerzan estos miedos como formas de disciplinamiento para que te quedes en el lugar asignado: "no salgas sola", "no te vistas así", "no seas fácil", "no hables con extraños" …

De todos estos miedos, el que más me marcó fue el de quedar embarazada porque implicaba defraudar todas las expectativas que tanto yo como mi familia teníamos sobre mí. Mi miedo no era tener un/a hijo/a – eso ni se me ocurría como posibilidad – mi miedo era que mi papá y mi mamá supieran que tenía relaciones sexuales, mi miedo era no saber a quién recurrir, no saber cómo conseguir la plata para abortar. El pensamiento, compartido por muchas de mis amigas era "mis viejos me matan", independientemente de que fuera cierto o no.

En la adolescencia empecé a tener relaciones sexuales con un varón, creo que tanto porque me gustaba cuanto que era un acto de rebeldía, de hacer eso que me estaba vedado. Del mismo modo que tomaba alcohol o me escapaba para ir a bailar: cogía. Y "nos cuidábamos", pero lo hacíamos mal. No porque no tuviéramos información sino porque es una edad en que nos cuesta cuidarnos en general, que aún necesitamos algo de apuntalamiento (no digo tutela o prohibición que sí lo teníamos), de atención, de empezar a construir responsabilidades compartidas con las parejas sexuales, con amigas/es/os, con adultas y adultos. Para aprender a cuidarnos de manera amorosa, solidaria y responsable en todos los ámbitos de la vida necesitamos confianza, no miedo, y esto lo supe de mayor gracias a mis redes feministas.

A los 15 años una amiga muy cercana quedó embarazada de su novio de la misma edad. Ese momento fue traumático. Sentimos una indefensión aterrorizante. Miedo a no poder resolver el problema, miedo a morir, miedo a buscar ayuda.... Miedo. Después de la prueba de embarazo llorábamos desconsoladas. Tramábamos qué podíamos vender, a quién podíamos llamar, que se podía usar o tomar. Hubiéramos hecho cualquier cosa. Finalmente lo resolvió con la madre, para mí fue un alivio que una adulta se hiciera cargo.

Los años fueron pasando, me animé a hablar con mi ginecóloga. Aprendí mucho sobre la anticoncepción, la sexualidad y el goce. Pero sobre todo aprendí que saber era lo que me permitía tomar decisiones y encontrar las herramientas para acceder a eso que sabía. Y que ese saber no era de libros sino precisamente de una construcción sorora, de apoderarme de mi poder. También supe que, si bien mi mamá no me hubiera matado, sino que me hubiera acompañado en mi decisión, existían las feministas y que podría haber recurrido a ellas y me hubieran ayudado.

Aprender, saber, conocer al punto que hoy sé practicarme un aborto yo misma, de manera segura, cuidada y acompañada por otras. Pienso el valor que estas herramientas y este conocimiento me hubieran dado hace 25 años atrás. Qué diferente hubiera sido mi sexualidad y las de mis amigas con estos recursos.

Entonces el feminismo vino a poner palabras, y a politizar estas incomodidades, miedos y reacciones que venía sintiendo desde niña. El feminismo vino a mostrarme que lo mío no era una situación individual, sino que era colectivo. Si tomar conciencia de lo político que eran mis miedos me trajo a habitar los feminismos, lo colectivo es lo que me hace permanecer, lo que me llevó a formar parte de un movimiento que viene cambiando el mundo desde hace siglos. Y por eso el feminismo pone palabras, práctica, rompe silencios, se muestra plural, incómodo, inconformista.

Me parece interesante traer lo que María Alicia Gutiérrez y Teresa Durand (1998) señalan en torno a cómo los *derechos sexuales y reproductivos* hacen referencia a la idea feminista de la reapropiación del cuerpo por parte de las mujeres porque la base ideológica del concepto es la integralidad corporal y la autodeterminación sexual, pero no sólo desde el punto de vista del "derecho a..." sino también del "poder de...". Es decir, además de reconocer un derecho, insta a las instituciones y a las propias interesadas a crear las condiciones para que estos derechos sean accesibles, ponerlos a disposición y brindar los medios para el acceso a las decisiones. Habla del "poder hacer" y no sólo desde la ley sino desde la posibilidad concreta de hacerlo.

Hay una pregunta que aparece en estos debates: ¿por qué las mujeres abortan?... las mujeres abortan porque ¡PUEDEN! (a pesar de los miedos, de las condiciones, de las leyes, de poner en riesgo sus vidas, a pesar de las justificaciones o las razones, etc.). Porque tienen un poder tangible sobre su capacidad de gestar. Este poder ha sido diferente en diferentes épocas y para las distintas personas, pero las mujeres siempre hemos abortado o parido cada embarazo. La acumulación de saberes que hemos construido y los avances tecnológicos nos han ayudado, han mejorado las condiciones, pero con esto o sin esto, las mujeres siempre hemos tenido el poder de…, y es de ese poder que todas las instituciones buscan despojarnos.

En este sentido pienso en la institucionalización. Las leyes y las políticas regulan, o sea ponen límites, prohíben y eluden cuestiones que tienen relación con las formas en que vivimos nuestras sexualidades y nuestras capacidades de gestar. Las instituciones tratan de terciar esto que podemos: abortar. En muchos casos hubo cambios significativos. Por ejemplo, sólo uno: antes de la Ley de Salud Sexual y Procreación Responsable (2002) para que una obra social reconociera parte de los anticonceptivos orales él/la médico/a debía recetarlos como tratamiento para el acné, porque como anticoncepción no eran reconocidos por las obras sociales. En este marco, la ley nos fue habilitando a acceder a ciertas herramientas para "poder" hacer efectivas nuestras decisiones. Pero la institucionalización tiene grandes límites y estos no casualmente se ensañan en negar todo aquello que reconoce este poder de las mujeres y las personas con capacidad de gestar para decidir sobre la continuidad o no de aquello que gesta. Reconocer este poder de las mujeres, acompañarlas a concretar ese poder, sería para la sociedad y sus instituciones perder el control sobre los cuerpos de la mitad de la humanidad que se encarga de la reproducción de la especie.

Y como si fuera poco, también podemos organizarnos, podemos conocer nuestros cuerpos, podemos acompañarnos entre nosotras/es, podemos usar la institucionalidad como herramienta para concretar nuestras decisiones y podemos transitar por fuera de la legalidad cuando no nos contiene, sin poner en riesgo nuestras vidas.

A modo de cierre

Cuando una pasa largo tiempo trabajando sobre un tema, al mismo tiempo, va tomando conciencia de las situaciones de discriminación y violencias que viven otras mujeres, lesbianas, trans, disidentes, y entiende que tiene privilegios de clase, de raza e inclusive de género; las situaciones de injusticia de las otras y les otres se presentan – y lo son - más graves, más urgentes que las propias. En estos devenires vas perdiendo la noción sobre qué implicancia personal tiene ser una activista feminista.

Sin embargo, hay personas que desde muy pequeñas nos sentimos incómodas en eso que se nos asigna, en lo que se espera de nosotras/es, en lo que se ve de nosotras/es, sin necesariamente tener una orientación sexual "tan" disidente, sin ser negra o indígena, sin ser pobre o marginada, sin ser migrante, sin ser víctima de violencia o de abuso. Sin embargo, hay algo de la construcción de nuestras identidades y de nuestras subjetividades que se resisten al mandato y que lo vivimos con pesar, aunque a primera vista pareciera que no hay nada del orden de nuestras vivencias personales que nos haga querer transformar el mundo.

Si en los feminismos del Sur que habitamos cuestionamos la abstracción y la objetividad como forma legítima de construcción del saber y situamos a lo subjetivo en el centro de la construcción de nuestra historia y del conocimiento, la pregunta en primera persona sobre feminista para qué y feminista para quién se vuelve relevante, subversiva, colectiva: ¿para qué? - parafraseando a Audre Lorde (2003) - para crear los cimientos de un futuro diferente, para tender un puente desde el miedo a lo que nunca ha existido.

¿Para quién? Para mí, para todas, todes y todos.

Referencias

Anzorena, Claudia (2013). *Mujeres en la trama del Estado: una lectura feminista de las políticas públicas*. Mendoza: EDIUNC.

Anzorena, Claudia (2018). "El campo estatal en cuestión: brechas entre las demandas feministas y políticas públicas". En *Revista del Instituto de Investigaciones Socio Económicas –REVIISE*.

Bach, Ana María (2010). Las voces de la experiencia. El viraje de la filosofía feminista. Buenos Aires: Biblos.

Belfiori, Dahiana (2018). *Código Rosa. Relatos sobre aborto*. Buenos Aires: La parte maldita.

Brown, Josefina (2008). "Los derechos (no) reproductivos y sexuales: apuntes para la discusión". En A. C. (coord.), *Intervenciones sobre ciudadanía de mujeres, política y memoria. Perspectivas subalternas*. Buenos Aires: Feminaria.

Di Marco, Graciela (2011). "Las demandas en torno al aborto legal en Argentina y la constitución de nuevas identidades políticas". En G. D. Tabbush, *Feminismos, democratización y democracia radical* (págs. 177-200). Buenos Aires: USAM Edita.

Gutiérrez, María Alicia y Durand, Teresa (1998). "Tras las huellas de un porvenir incierto". En AA.VV., *Avances en la Investigación Social en Salud Reproductiva y Sexualidad*. Buenos Aires: AEPA/CEDES/CENEP.

hooks, bell (2017). *El feminismo es para todo el mundo*. Madrid: Traficantes de sueños. Obtenido de https://www.traficantes.net/sites/default/files/pdfs/TDS_map47_hooks_web.pdf

Klein, Laura (2018). "Aborto, derechos humanos y estrategias de subjetivación". En D. Busdygan, *Aborto: aspectos normativos, jurídicos y discursivos*. Buenos Aires: Biblos.

Lorde, Audre (2003 [1984]). "La poesía no es un lujo". En A. Lorde, *La hermana, la extranjera* (págs. 13-18). Madrid: Horas y Horas.

Rodríguez Agüero, Laura y Grasselli, Fabiana (2008). "El testimonio como herramienta para la reconstrucción de la memoria de los sectores subalternos". En A. Ciriza (coord.), *Intervenciones sobre ciudadanía de mujeres, política y memoria. Perspectivas subalternas* (págs. 58-74). Buenos Aires: Feminaria.

Sagot, Montserrat (2017). ¿Un paso adelante y dos atrás? La tortuosa marcha del movimiento feminista en la era del «fascismo social» y del neo-integrismo en Centroamérica. *Actas 13° Congreso Mundos de Mulheres y Seminário Internacional Fazendo Gênero 11 (FG)*. Florianopolis: UFSC.

Segato, Rita (2015). "La norma y el sexo: frente estatal, patriarcado, desposesión, colonialidad". En M. B. Saldaña-Portillo, *Des/Posesión: Género, Territorio Y Luchas Por La Autodeterminación* (págs. 125-164). México: Universidad Nacional Autónoma de México.

Valobra, Adriana (2015). "El Estado y las mujeres, concepciones en clave feminista". En *Estudios Sociales del Estado*, 1(2), 32-57.

Yañez, Sabrina (2015). *De cómo las instituciones de salud pública regulan las experiencias de embarazo, parto y puerperio… y de lo que resta" (Mendoza, 2001 - 2013)*. Buenos Aires: Tesis Doctoral en Antropología, Facultad de Filosofía y Letras, UBA.

Junturas de(s)coloniales y articulaciones latinoamericanas de los feminismos del sur

Mujeres de América Latina: tránsito, tráfico y traducción de saberes

Paula Ramírez[1]
Inés Fernández Mouján[2]
Mariana Alvarado[3]

En tiempos de pasión feminista ¿por qué no debatir y visibilizar debates? ¿Revisarnos y visibilizarnos? ¿Encontrarnos en diálogo entre mujeres de distintas tierras y cosmovisiones? Levantar la voz, hacernos audibles; reconocernos y autorizarnos; escuchamos (y no educamos) en lo que nuestras voces tienen para proponernos en la traducción, el tránsito y el tráfico de nuestros saberes. Y así enlazar, tramar, unir, fortalecer y transformar lo dado para bregar por un mundo sin violencia y sin racismo.

Si la modernidad excluyó, ignoró, silenció, invisibilizó, negó, eliminó al otro; la alteridad -nombrada salvaje, bestia, negra, india, esclava- se extingue con el avance de lo civilizado implantado con los genocidios y reorganizado con las dictaduras. El pensamiento de/poscolonial denuncia

[1] Profesora e investigadora de la Universidad Nacional del Comahue, sede Bariloche, e integrante del Espacio de Articulación Mapuche y Construcción Política. La interculturalidad crítica y decolonial, en clave de ontología política, es el campo de confluencia de mi activismo político y docente. paularamirez@bariloche.com.ar

[2] A mediados de los setenta asumo la militancia política en el peronismo de izquierda, como expresión de resistencia a un sistema social y económico injusto. Soy profesora e investigadora de la UNRN. Dra en Ciencias de la Educación por la UBA. Investigo: la obra de Paulo Freire, las marcas de Frantz Fanon y las teorías críticas periféricas. Formo parte de la Cátedra Abierta Paulo Freire (UNMdP) y del Centro Investigación y Estudios en Teoría Poscolonial (UNR). imoujan@gmail.com

[3] Graduada en filosofía me situo en/desde el pensamiento latinoamericano. Doctorada en filosofía exploro los feminismos. Activista académica feminista recorro las epistemologías feministas del sur y las pedagogías disidentes. Investigadora adjunta del INCIHUSA CCT-Mendoza.

la colonialidad, la condición colonial, el lado oscuro de la modernidad, en los restos, sus excrementos. La racionalidad moderna apeló a estrategias que impusieron relaciones de dominio y servidumbre que se configuraron como saberes académicos positivismo, naturalismo, historicismo, humanismo; cómplices de servidumbres, opresiones y esclavitudes. Sabemos que la epistémica, es la dominación más naturalizada, la que define qué es lo real, la que determina qué existe y qué no.

Aparecen cuestionamientos a flor de piel provocados por la colonización moderna: ¿acaso no soy una mujer? (Sojourner Truth), ¿quién en realidad soy? (Fanon), ¿puede el subalterno hablar? (Spivak), ¿podemos pensar los no-europeos? (Dabashi). Preguntas, interrogantes, cuestionamientos que requieren respuestas urgentes; esas respuestas se articulan en/desde la subalternidad. Estas preguntas son la base para la formulación de un otro pensamiento venido, de un otro lugar, en el que una otra voz grita. ¿Quién tiene la voz? ¿Cuáles voces se vuelven audibles? ¿Quién puede nombrar lo que pasa? ¿Cómo ampliamos la escucha? ¿Qué dicen los silencios que aturden? El lugar del subalterno, desde la subalternidad configura un *locus de enunciación* del que algunos pensadores latinoamericanos y de la teoría de la liberación como Arturo Andrés Roig, Enrique Dussel, Paulo Freire se pusieron a la escucha y participaron del reclamo del oprimido. ¿Cómo aperturaron la escucha de las voces devenidas de las mujeres y las cuestiones del género? ¿Cuáles fueron los procesos de inclusión y de traducción de las demandas de los feminismos latinoamericanos?

Y quiénes somos, de dónde venimos... cómo preguntar para no quedarnos con formas de conocimiento que limitan, acallan y ocultan nuestras realidades. Otros recorridos habilitan lugares otros para la memoria, la historia, el dolor, las lenguas, los enmudecimientos, las marcas, otras porosidades, diversas pieles, cuerpos disidentes que ya no son objeto de estudio sino lugares epistémicos. La colonización europea produjo como resistencia un pensamiento otro que se hizo presente en voces subalternizadas y decires acallados, no escuchados.

Reconocernos diversas, desde un plural que nos permita recorrer y revisar nuestra propia historia, nuestro cuerpo y nuestro territorio de modo de poder construir una junta a la otra pero no junto a todas, otros nuevos conocimientos y formas de estar junt*s.

El pensamiento descolonial[4] es un tipo de teoría crítica producida en Latinoamérica que ha sido conocido como proyecto modernidad/colonialidad/decolonialidad. Desde distintas historias intelectuales, con diferentes materiales y archivos a partir de experiencias históricas complejas y radicales, articula ciencias humanas y sociales en América Latina aunque no se circunscribe a la región sino que hace puente con otras expresiones del Caribe. En las últimas décadas modula la crítica a la modernidad desde la perspectiva de la colonialidad[5]. Allí se encuadran los planteos de Ramón Grosfoguel, Santiago Castro Gómez, Walter Mignolo, Anibal Quijano, Eduardo Restrepo, Nelson Maldonado Torres. También tienen lugar los recorridos de quienes manifestaron -en distintos momentos de los procesos coloniales/imperiales- visiones críticas de los mismos y, modos de pensar alternativos como Felipe Guaman Poma de Ayala, Frantz Fanon o Aimé Césaire.

La teoría poscolonial reflexiona desde la colonización francesa, inglesa y alemana arraigada en Asia, África y la India entre los Siglos XVIII y XX. La crítica feminista poscolonial en las figuras de Gayatri Spivak y Chandra Mohanty alerta tempranamente que en la discusión sobre subjetividad y colonialismo urgía atender al carácter doblemente subalterno de las mujeres en las sociedades que sufrieron el colonialismo. Por otra parte, aquellas expresiones vinculadas a la decolonialidad reflexionan desde la colonialidad implantada en América Latina y el Caribe desde el Siglo XVI por España y Portugal con el surgimiento de la modernidad. El feminismo descolonial en las figuras de María Lugones, Yuderkys Espinosa Miñoso, Ochy Curriel, Gloria Anzaldúa, Rita Segato y Silvia Rivera Cusicanqui se proclamó revisionista de la teoría y la propuesta del feminismo dado su sesgo occidental, blanco y burgués. El feminismo descolonial denuncia la producción teórica del feminismo occidental señalando el encubrimiento de la heterogeneidad de las mujeres indo-afro-latino-americanas.

[4] El término de(s)colonial acopla la del francés (*decolonialité*) y del inglés (*decoloniality*) mientras que en castellano se traduce por des-colonialidad. La "s" marca un desplazamiento que epistémicamente implica: desprendernos del patrón colonial de poder; es decir, desmontar el sistema de conocimiento que sostiene y justifica un estado moderno/colonial asociado a la colonialidad económica y al control de subjetividades.

[5] La colonialidad se refiere a un patrón de poder que emergió en la modernidad y que no se restringe a la relación de poder entre dos pueblos o naciones sino más bien a los modos en los que el trabajo, el conocimiento, la autoridad y las relaciones intersubjetivas se articulan entre sí, a través del mercado capitalista mundial

Desde el Sur, a la escucha de algunos de los gestos descoloniales de la opción descolonial que contribuyen a pensar procesos y relaciones: "diferencia colonial" (Mignolo 2000, 2002, 2003) "colonialidad del poder" (Quijano 2000) "colonialidad del saber" (Edgardo Lander 2000), "colonialidad del ser" (Nelson Maldonado Torres 2007) "colonialidad del tiempo" (Mignolo 2008) "colonialidad del género" (María Lugones) a horcajadas de las interrupciones de los feminismos descoloniales anudamos en esta genealogía al filósofo colombiano Santiago Castro Gómez, la argentina Zulma Palermo (2014), la norteamericana ecuatoriana Catherine Walsh, el sociólogo portugués Boaventura de Sousa Santos (2009), la filósofa argentina, María Lugones (2008), y el filósofo camerunés Achilli Mbembe (2016).

Sostenemos y profundizamos la denuncia de orden impuesto de identidad única que se pretende esencialista y ontologizada, que se sostiene en pensamientos de un *ego conquiro* (Dussel, 1992) que conserva y atiende lo dado sin dar lugar a la diferencia. Una idea homogeneizante que auspició y acompañó los procesos de las identidades nacionales y culminó con el mito de la raza elegida que podría sintetizarse en la expresión "o como yo o muerte"; de este modo emergió como identidad el espacio homogéneo de los idénticos. Como claramente señala Horacio Cerutti Guldberg esta noción de identidad ontologizada sólo le queda el recurso de cercar o exterminar lo diferente o diverso, todo aquello que se sale de la norma (Cerutti Guldberg, 1998: 138). Por el contrario, nosotras asumimos siguiendo el legado anticolonial y la tradición de la descolonización, nuestra identidad en su devenir histórico como un siendo en la construcción, en lo que se está haciendo colectivamente, y se auto-reconoce como un proceso, no como una estación de llegada perfecta y acabada. Identidad histórica que es acción y que, hace y crea desde materiales culturales que son elementos itinerantes que nutren a las comunidades que transitan y migran, que enriquecen y generan nuevas formas culturales. Así, la identidad es proyecto y construcción conjunta que incluye la dimensión utópica y emancipadora. Un movimiento que no se conforma con lo adquirido y estático, sino que apuesta a su potencia.

Nos interesa conversar en torno a las formas en las que sería posible y deseable descolonizar la Universidad, las prácticas académicas, la gestión de la ciencia y la producción del conocimiento científico, en el marco de un diálogo fronterizo al monólogo monoculturalista norteurocetrado.

Una conversa (des)lenguada que anude dentro/fuera las posibilidades de una epistemología feminista en la que urge un diálogo transdisciplinar que haga puente y priorice procesos de tránsito, tráfico y traducción de saberes, haceres y sentires como compromiso afectivo-político–epistémico en la co–construcción de una pedagogía de la resistencia. Desobedientes e indisciplinadas nos proponemos sostener un diálogo situado, a destiempo, en una comunidad epistémica en contexto.

¿Cómo es posible, entonces, un diálogo situado y en contexto? ¿Qué implicancias tiene para los saberes que allí se (des)encuentran los tránsitos, los tráficos, las traducciones de nuestros decires, pensares, quehaceres, sentires? Saberlo implica escribir(nos). Partimos de un inicio que compartimos como conjetura de trabajo, la descolonización del conocimiento y la descolonización de las instituciones productoras o administradoras del conocimiento.

Asumimos que descolonizar el conocimiento significa descender del punto cero y hacer evidente el lugar desde el cual se produce ese conocimiento, es decir el lugar desde donde nos medimos, o dicho de otro modo, visibilizar nuestro *locus* de enunciación, nuestra posición de sujeta. Un descolonizar que abreva en tradiciones radicales de nuestras historias como pueblos colonizados, historias que se encuentran atravesadas por la tensión permanente entre colonización/descolonización, términos que se fueron expresando durante siglos de diversas maneras: rebeliones e insurrecciones de negrxs, indígenas, zambxs, mulatxs, criollxs y mestizxs, guerras civiles, revoluciones y procesos de independencia de las metrópolis. Destacándose en estas rebeliones las mujeres que tuvieron una presencia sustantiva y mayoritaria, por ejemplo en el movimiento peruano Taki Ongoy (1564-1572), quienes se opusieron tenazmente a la estructura de poder colonial (Federici, 2018). En Argentina, las quienes protagonizaron los levantamientos quechuas y aymara de fines del siglo XVIII, no participaron de la concepción europea del mundo. María Remedios del Valle, Micaela Bastidas, Gregoria Agaza, Bartolina Sisa, ancestras de los feminismos comunitarios en Argentina, Perú y Bolivia, críticas de la opresión de las poblaciones indígenas y promotoras de la capacidad de las mujeres para luchar por su propia autonomía y la de sus pueblos.

Como herederas de este legado, nosotras asumimos una posición anticolonial y crítica a imposiciones euronortecentradas, en tanto opción epistémica que implica descolonizar los feminismos es decir, articular nuestras voces en la interseccionalidad de raza/clase/sexualidad/género (Lugones, 2008: 13). Este gesto descolonial implica fundamentalmente no sólo un cambio de actitud en la sujeto práctico y de conocimiento sino, además la oposición radical al legado y producción de la colonialidad del poder, del saber, del ser y del género, lo que anuda a una confrontación directa con las jerarquías creadas o fortalecidas por la modernidad europea en los procesos de conquista y esclavización. Opción que potencia para nosotras la posibilidad de generar prácticas-teóricas diferentes que contribuyan a descentrar el sujeto euronortecentrado y la subalternidad que la racionalidad moderna y el feminismo hegemónico, occidental totalizó, escencializó y reprodujo.

En espacios educativos y sociales en general no se habla de las diferencias, de nuestras diferencias, para tomarlas y hacerlas fuerzas, articulando saberes, quehaceres y sentires que promuevan la autonomía de grupos sociales y la expansión de cada unx. Los dispositivos de dominación desalientan esa posibilidad, ya que ahí está el motor de un cambio profundo personal y colectivo.

> (...) nos han enseñado a ignorar nuestras diferencias o a verlas como causas de la separación y sospecha, en vez de apreciarlas como fuerzas para el cambio. Sin comunidad, no hay liberación. Solo hay el más vulnerable y temporal armisticio entre el individuo y su opresión. Pero comunidad no debe significar el despojo de nuestras diferencias, ni el pretexto patético de que las diferencias no existen" (Lorde, 1979: 91).

Por su parte Mohanty dice que "la hermandad debe forjarse en el análisis y práctica política dentro de circunstancias históricas concretas"(2008: 7). Si no podemos basar la hermandad en el género, tampoco podemos pensar la hermandad en base a la raza u otras categorías discursivas sino a partir de las prácticas políticas en determinadas condiciones socio-históricas de vida, en la arena de la lucha en/del movimiento.

Difícil sería avanzar en la descolonización de nuestros saberes, prácticas y deseos si no empezamos por nuestras prácticas academicistas y centralistas que valoran, clasifican y producen atendiendo los lugares de pertenencia (N/S, docente/alumno, investigador/becario, universidad/agencia) y las posiciones políticas. Descolonizar el feminismo anuda a un desaprender para volver a aprender: una pedagogía descolonial o disidente. De otro modo, seguiremos siendo habladas por otros, llamándonos con nombres extranjeros y mirándonos con ojos imperiales, respondiendo a la demanda patriarcal. Si no se puede demoler la casa del amo con las herramientas del amo ¿cuáles son las herramientas descoloniales de los feminismos del sur?

La importancia de la mirada

¿Por qué no situar(nos) nuestra mirada en otro ángulo, en el ángulo del umbral o del linde, entre ese "adentro" y ese "afuera"? Como nos propone Borges, abrir una puerta para *estar ya* del otro lado. Porque al abrirse, la puerta hace que el espacio "exterior" ingrese al nuestro, mientras que el "interior" se derrama sobre el afuera (Grüner 2016).

Nosotras lo hacemos de la mano, una junta a la otra, entre tres; la mirada[6] en la que nos encontramos problematiza, amplía y se renueva desde seis ojos que en sus cruces se encuentran, enfocando adentro/afuera, en múltiples sentidos y derivas. Tres pares de ojos de mujeres pisando suelos diversos, no-comunes y a la vez en un mismo suelo, el de lo común. Mujeres en América Latina, en "estado de frontera", que se encuentran en el espacio de la escritura para transitar hacia un lugar *otro*. A partir de la mirada pluriversal propuesta, la re-visión del sentido euronortecentrado, logofalocéntrico y moderno/colonial/patriarcal de las prácticas académicas, se entiende "como resultado de una crítica histórica llevada a cabo a partir de la perspectiva y los problemas de nuestro propio continente" (Segato, 2015: 280). La perspectiva descolonial desde la que nos situamos, contiene aportes que nos desafían a construir un pensamiento fuerte y liberador, tal como nos propone Zulma Palermo:

> (…) aquel que es capaz de revisar el conocimiento construido en el pasado, de posicionarse ante él, y de proponer alternativas para el presente, mirando la propia subjetividad (individual y colectiva) con esa misma actitud reflexiva, penetrando en ella y poniéndola en diálogo con otras, principio básico de una interculturalidad verdaderamente plural (Walsh, 2009).

---

[6] val flores advierte sobre la metáfora lumínica que sostuvo a la modernidad cartesiana en sus exigencias de claridad y distinción, un régimen que limitó la/s mirada/s e impuso lo debía ser visto (Cfr. flores, 2019). El encuentro entre epistemología y feminismos anuda el compromiso político y la producción discursiva en *a view from somebody*, es decir, una mirada desde y en contexto que se (des)marca de la luminicidad moderna (Cfr. Alvarado, 2017: 38-39).

De modo que estamos en tránsito, desandando la colonialidad del poder, del saber y del ser, del género, que impone los alambrados que acorralan territorios humanos y no humanos cual si fueran objetos sin vida.

Todo un desafío, pues partimos de la premisa de que no es desde una matriz universal que el diálogo y la traducción pueden tener lugar en la tensión igualdad-diferencias, sino desde una matriz pluriversal y transnacional. En este sentido, entendemos que el lugar de la universidad, entre otros espacios sociales, podría impulsar la construcción de esa matriz, siempre y cuando asuma/mos ese desafío y el riesgo que conlleva. Desafío por/para el desaprendizaje que conlleva. Riesgo, en el sentido que enuncia Fanon cuando habla del proceso de humanización, en tanto que, el ser y el no-ser no constituyen posiciones fijas; sino más bien en tránsito y libradas a la contingencia. Claro está que, esto tiene efectos políticos y culturales específicos, tanto en los asuntos existenciales como en los académicos y disciplinares.

Una escritura a seis manos desde lecturas des/decoloniales

Compartimos un ejercicio de crítica a los universalismos y esencialismos que hegemonizan las prácticas académicas en la universidad, desde una lógica descentrada, fronteriza y en tránsito. Con el deseo de traficar y traducir en/desde la experiencia entre activismo y academia; esta escritura -atenta a la colonialidad del lenguaje que borra las posibilidades de resistir a la colonialidad del género- procura una práctica de deconstrucción de la perspectiva dominante de producción de conocimientos desde una racionalidad narrativa dialógica.

Transitamos *desde* nuestra experiencia común académica, marcada por la colonización del poder, del saber, del ser y del género, a las posibilidades de lo que podemos mirar una junta a la otra; en este movimiento indeterminado e imprevisible que nos modifica a las tres y cada una, traficamos, traducimos, transitándonos. Asumimos con Viveiros de Castro (2004), que el traducir es situarse y ampliar el espacio del equívoco, del reconocimiento de las diferencias que impulsan las relaciones y nos enriquecen.

No nos callamos, no nos conformamos, no nos acostumbramos, no permitimos las amputaciones y los silenciamientos que cristalizan supuestas esencias; desde esa posición sensible y lúcida Fanon, resistiendo a la imposición del no-ser, dice:

(...) con todo mi ser, me niego a esa amputación. Me siento un alma tan vasta como el mundo, verdaderamente un alma profunda como el más profundo de los ríos, mi pecho tiene una potencia infinita de expansión. Soy ofrenda y se me aconseja la humildad del tullido (...) Ayer, al abrir los ojos sobre el mundo, vi el cielo revolverse de parte a parte. Yo quise levantarme pero el silencio sin entrañas refluyó hacia mí, sus alas paralizadas. Irresponsable, a caballo entre la Nada y el Infinito, me puse a llorar (Fanon, 2009: 132).

A la vez que resiste, Fanon propone y nos habla de ese tránsito del no-ser hacia una nueva historicidad, especie de salto de la nada al infinito, a lo indeterminado que anida en el mundo abierto a los contactos. Eso que, decimos, es escuchar a la otra, sin fijarla en esencias pero tampoco disolviendo diferencias, vislumbrando un modo otro de construir universalidad desde las singularidades.

Acerca de los *locus* de enunciación o de cómo hablar la misma lengua

Como enunciadoras de discursos de frontera, nos expresamos desde lugares de enunciación que cuestionan la episteme moderno/colonial/patriarcal, impulsando la construcción de conocimientos históricamente descalificados por la academia, pero que resisten, desobedecen y se indisciplinan, poniendo en cuestión la universalidad y omnipresencia de los conocimientos considerados científicos. Lugares fronterizos, donde las formas dominantes no se realizan completamente, sino que coexisten epistemes modernas y no-modernas, a la vez, excediendo las traducciones pero sin anularse ("mundos donde quepan muchos mundos", o *pluriverso*). Sin dejar a-parte la *passionalitá* (Gramsci, 1977), es decir los sentimientos que encarnan el acto de participar en los significados y afectos y compartirlos, durante el proceso de traducción, cuyas motivaciones son fundamentalmente políticas y existenciales, además de intelectuales.

Reconociendo las historias heterogéneas de colonialidad, y sus efectos políticos y subjetivos localizados en contextos singulares, decimos en términos de saludo y despedida a los esencialismos, totalizaciones y universalismos de las identidades cosificadas y frías desde la vista estrecha de la episteme moderno/colonial/patriarcal.

Entonces, Paula, nos dice, nosotras escuchamos, mi escritura denominada*"Walüng pingen fewla"*/ Ahora me llamo Walüng, sintetiza el hilo más personal de la genealogía de un tema de estudio que es, a la vez, académico y no-académico. Propone un desplazamiento epistémico. Lejos de una intención autorreferencial, esta racionalidad narrativa pretende dar lugar a saberes habitualmente no considerados en el ámbito universitario, aquellos que surgen del vivir, que en este caso emergen de la experiencia académica revisitada y ampliada a partir del activismo.

Si bien reconozco y valoro todas las fuentes de mi genealogía, *fachiantü*/ ahora soy alguien que se encuentra atando aquellos hilos que fueron cortados (los hilos de la filiación europea en general no se cortan, más bien se refuerzan en este país) con el silenciamiento histórico que el poder de ayer y de hoy en Argentina construyeron y siguen construyendo sobre su enemigo interno principal: el indígena en general, y el pueblo mapuche en particular. El genocidio fundante de la conformación de los estados argentino y chileno, es como el ADN de su nacimiento y la causa de su violencia matricial. Entonces, qué responderé…? Las definiciones cerradas no alcanzan para decir quiénes somos (las etiquetas son para las mercancías y las cosas). Tampoco alcanzan las posiciones fijas y binarias de la existencia derivadas de la episteme moderna/colonial/patriarcal: naturaleza/cultura, mente/cuerpo, sujeto/objeto, materia/espíritu, razón/emociones, unidad/diversidad, civilización/barbarie. ¿Quién puede responder de forma unívoca al ser mapuche (ideal), por ejemplo? ¿Por dónde pasa la mapuchidad?. Mi posición es ésta: a las preguntas que no esquivan la memoria y el conflicto, prefiero responder en forma abierta, sin clausurar el *rakizuam*, que es pensamiento, deseo, necesidad y urgencia, y también es atención a las diversas lógicas de un algo. Entonces, si me preguntan si soy mapuche, responderé sí y no. Es esa mi respuesta. La explico y me la explico. Empiezo por el no: si "ser mapuche" significa, exclusiva y excluyentemente, la "pureza de la sangre", portar un apellido con linaje, hablar la lengua, haber visto a tu madre y tu padre angustiados por no poder llevar un plato de comida a la mesa, querer y no poder estudiar, imposibilidad de acceder a posiciones con prestigio social, no soy mapuche. No he vivido nada de eso. Por mi origen de clase, no soy mapuche. Una buena infancia e ir a la universidad, como los padres, es una especie de destino en mi medio de nacimiento. El fenotipo tampoco es determinante en mí. No soy mapuche por cómo me han mirado, y en parte me he mirado, durante mi crianza burguesa ítalo-argentina-chilena. En mi casa nunca se reconoció el origen mapuche, eso quedaba escondido a la mirada europeizante de mi medio social. Colonialidad socio familiar, diría, de espejos deformados. (Ahora me queda claro que la categoría de clase no es ni la única ni la más importante a la hora de entender la organización de las relaciones sociales de poder). Pero como siempre el discurso falla, se sale de lugar… entre las banderitas de las naciones de origen familiar que adornaban mi casa natal, había un *trarilongko*, que hoy conservo en *Furilofche* ("de dónde salió este", "qué clase de bandera es", "qué significará" me preguntaba a mí misma, siendo niña); ahí está mi abuela paterna apareciendo en todo su esplendor "araucano", así me dijo un primo que decía ella (es como si la viera: organizando toda la casa, con seguridad sonriente, cocinando siempre con su delantal, cociendo, curando dolores de guatita o de oídos con *lawen*, tejiendo mientras murmuraba cosas incomprensibles para quienes la rodeábamos, con su pañuelo atado a la cabeza, haciendo rogativa, y yo lejos de sospecharlo todavía). Ahora puedo reconocer en la crianza muchos rasgos *mapuche* (tanta libertad, cero castigos, tanto amor en la mirada atenta de lxs grandes, su ternura). Cuando lo comprendí, siendo ya *zomo* y por habitar el territorio que habito y me habita, elegí fortalecer esa hebra y por eso respondo: sí, soy mapuche. Eso creo que viene significando en mí la autodeterminación, la valoración política de la libertad y la igualdad, de entender formas de vida no escindidas –cuerpo y espíritu, naturaleza y cultura, nosotrxs y ellxs, humano y no humano–, saber que el cuerpo es territorio, concebir la enfermedad como un desequilibrio con el medio, ver y sentir presencias inmateriales, salir del tiempo lineal al soñar, y necesitar vivir en contacto con el *mapuzungun*, la lengua que metafóricamente es cordón umbilical de muchas existencias, ya sea escucharla o leerla (más allá de no hablarla bien todavía y de saber que nunca la entenderé en toda su profundidad). Porque, como lo estoy viviendo, la lengua es mucho más que hablar un idioma; la lengua *preexistente* es un elemento indispensable para ser, que abarca y atraviesa múltiples dimensiones, arraigándonos a un territorio y dando alas, en la construcción de un proyecto histórico, es decir, un pueblo, reconocido o no por los Estados, ahora o más tarde. (*Furilofche warria mew. Pewvngen*, 2017 *antv pita wingka*).

Y, en diálogo, seguimos pensando juntas _ ¿quiénes somos nosotras, las que escuchamos a Paula? ¿Cuál es nuestra diferencia colonial? En

tiempos de fuertes alienaciones y malestares de/en la cultura nos plantea-
mos desafiar la lógica de la desigualdad epistémica que atraviesa nuestra
educación. Debatir las condiciones de posibilidad de una pedagogía
descolonial, nos requiere problematizar e intervenir en nuestros espacios académicos, interpelar nuestras prácticas y teorías conservadoras
del status quo, disponernos a la escucha, entrar en diálogo y transitar la
pregunta ¿quiénes somos nosotras?

Las dudas y las preguntas (nos)insisten. ¿Formamos en el pensamiento
crítico o en la mera racionalidad instrumental? ¿Formamos sujet*s crític*s
o simples consumidores? ¿Cuándo nuestra formación es co-formación?
¿Para qué, para quiénes, con quiénes, contra qué y contra quiénes producimos conocimiento? ¿Desde dónde se decide qué saberes (re)producir y
qué conocimientos pueden o deben circular? ¿Qué tensiones están presentes en estos debates y en nuestras prácticas? ¿Desde un sentido crítico
de nuestras prácticas docentes académicas por qué no trazar (y sostener)
una política de traducción y transformación curricular universitaria en
perspectiva crítica latinoamericana? ¿Cómo observar las fisuras de una
institución que expresa cabalmente una estructura colonial que imbrica
formas de colonialidad del poder, del saber y del género? ¿Por qué no
insistir con las dudas incisivas que sospechan de las formas de racionalidad instrumental e incluir en nuestras prácticas docentes el pensamiento
latinoamericano desde una perspectiva que se asuma la crítica periférica
y contra-moderna? Una vía crítica posible será insistir en el develamiento
del nexo que existe entre conocimiento, poder y subjetividad. Por qué
no habitar la interseccionalidad raza, clase, género y sexualidad para
entender la preocupante indiferencia de un sistema académico-patriarcal.

Asumimos que la pedagogía, tal como hoy la concebimos, es una
forma de saber práctico disciplinador, surgido en la modernidad europea, mediante una operación de exclusión que dificulta la posibilidad
de reconocer la co-presencia de tradiciones diversas de pensamiento. En
relación a esto último tomamos como punto de partida el cuestionamiento
a la producción de conocimiento euronortecentrado como así también
las derivas logofalocentradas en las prácticas docentes como de investigación. Consideramos que dialogar sobre estos problemas nos permite:
ahondar en un campo fértil de legados y tradiciones que desde los bordes
critican, intervienen e interrumpen discursos y prácticas hegemónicas.
Narrativizar los sentidos de unas pedagogías descoloniales para ahondar

en los significados de las prácticas teóricas. Visibilizar, conocer y problematizar las pedagogías descoloniales para transitar prácticas-teóricas que habiliten y refuercen acciones de resistencia a la colonialidad del poder en el presente de la educación del sur. Un horizonte posible podría ser: un debate históricamente situado acerca del (sin) sentido o nuevos sentidos. Para poner bajo sospecha los modos producción de conocimiento y articular interrupciones, tramar interrogantes que pongan patas para arriba las respuestas filosóficas, sociológicas, antropológicas, educativas de la modernidad, en definitiva nuestras propias prácticas académicas.

Nos reconocemos en los problemas que se le presenta al pensamiento crítico feminista latinoamericano, sus tensiones entre la búsqueda de sus especificidades y las miradas externas/coloniales y hegemónicas que deciden qué se debe producir y qué no, qué debe ser leído y qué no, qué merece traducción y qué no, en qué lenguas sí y en cuáles no, qué es conocimiento y qué mito, opinión o superstición; quién sabe, quién aprende y quién ignora. Nos reconocemos en las múltiples experiencias en el propio seno de la academia en la interrupción de prácticas hegemónicas.

Referencias

Alvarado, Mariana (2017). "Interrupciones en Nuestra América con voz de mujeres" en: Alvarado, Mariana y De Oto, Alejandro. *Metodologías en Contexto. Intervenciones en perspectiva feminista, poscolonial, latinoamericana.* Buenos Aires: CLACSO.

Alvarado, Mariana. (2015) "Educación Superior en clave descolonial" En: Algarrobo–MEL Mendoza, FCSyP. a4–n4.

Alvarado, Mariana (2014) "Mujeres de América Latina: des(re)encuentros, tráfico de ideas y traducción" *Revista Estudios. Filosofía Práctica e Historia de las Ideas.* Mendoza, qellqasqa, vol.16, n.1.

De Sousa Santos, Boaventura de (2018). *Justicia entre Saberes: Epistemologías del Sur contra el Epistemicidio.* Madrid: Ediciones Morata.

___ (2006) *Renovar la teoría crítica y reinventar la emancipación social.* Buenos Aires: CLACSO.

Dussel, Enrique (1992). De la "conquista" a la "colonización" del mundo de la vida (Lebenswelt). En *1492: El encubrimiento del otro. Hacia el origen del "mito de la modernidad".* Colombia: Plural.

Escobar, Arturo (2007). *Autonomía y diseño. La realización de lo comunal.* Buenos Aires: Tinta Limón.

Fanon, Frantz (2009). *Piel negra, máscaras blancas*. Madrid: Akal.

Fernández Mouján, Inés (2018). "Del término descolonización y sus derivas pedagógicas". En *Pedagogica Historica International Jorunal of the History of Education*. Taylor & Francis Online. Disponible en https://doi.org/10.1080/00309230.2018.1508240

Federici, Silvia (2018) *Calibán y la bruja. Mujeres, cuerpo y acumulación originaria*. Buenos Aires: Nociones Comunes.

flores, val (2019) "Con los excrementos de la luz. Interrogantes para una insurgencia sexo-política disidente" en: *Boletín GEC*. Mendoza, FFyL. N°23.

Grüner, Eduardo (2016). "Teoría crítica y *contra-Modernidad*". En: Gandarilla, José. *La crítica en el margen. Hacia una cartografía conceptual para rediscutir la modernidad*. España: Akal. Pp. 19-60

Lugones, María (2014). "Colonialidad y género". En: Walter Mignolo (comp.) *Género y descolonialidad*. Buenos Aires: Del Signo.

Mbembe, Achille (2016). *Crítica de la razón negra*. Buenos Aires: Futuro Anterior.

Mellino, Miguel (2016). "Memorias del subsuelo. Fanon, África y la poética de lo real". En: *Sociológica*. Año 31, 30, número 87, 83, pp. 239-26.

Mohanty, Chandra T (2008). "Bajo los ojos de Occidente. Academia feminista y discurso colonial". En: Rosalva Aída Hernández Castillo y Liliana Suárez Navaz (coord.). *Descolonizar el Feminismo: Teorías y Prácticas desde los Márgenes*. España: Cátedra.

Palermo, Z. et al. (2015) *Des/decolonizar la universidad*. Buenos Aires: Del Signo.

Viveiros de Castro, Eduardo (2004) «Perspectival Anthropology and the Method of ControlledEquivocation». Tipití: Journal of the Society for the Anthropology of Lowland South America 2 (1): 1

Walsh, Catherine (2009) "Interculturalidad crítica y pedagogía de-colonial: insurgir, re-existir y re-vivir" en: Vera, Candau (edit.) *Educação Intercultural hoje en America latina: concepções, tensões e propostas*. Río de Janeiro, editira 7 Letras y Educaçaõ.

Breves aportes desde la deconstrucción intercultural a los feminismos del sur. Unas reflexiones errantes

Manuel Fontenla[1]

Aclaraciones

Antes de ingresar al desarrollo de los aportes que propone el título, me urge hacer algunas aclaraciones para entablar un pacto de honestidad con los y las lectores/as de este trabajo. Este escrito no es producto de una investigación, ni de un largo recorrido por teorías y lecturas sobre interculturalidad y deconstrucción. Este escrito sí es el producto de cuatro años de reflexión sobre mi propia práctica docente a cargo de la Cátedra de Pensamiento Indígena y Latinoamericano en la Universidad Nacional de Catamarca. La invitación de las compiladoras a participar en este libro, generosa por demás, surge de una presentación en un congreso en el cual compartí algunas reflexiones sobre distintas prácticas docentes realizadas en el marco de la cátedra: unas en la misma universidad, otras en talleres abiertos en el interior de la provincia, otras en escuelas rurales-indígenas, y otras en espacios no-institucionales de intercambio de saberes con pueblos indígenas y comunidades campesinas. Para aquella presentación tenía un boceto para ser desarrollado de manera oral y no

[1] Trabajo en la Universidad Nacional de Catamarca como docente e investigador. Integro el Grupo de Filosofía Latinoamericana de la UNC, donde me formé y actualmente también trabajo. Me encuentro terminando mi tesis de doctorado sobre epistemologías para el estudio de historias y filosofías indígenas/indias. Participo de varios espacios de militancia-activismo, hoy más focalizado en las áreas de comunicación de la Cumbre Latinoamericana del Agua para los Pueblos y de la Asamblea PUCARA (Pueblos Catamarqueños en Autodeterminación y Resistencia).

una ponencia escrita. Y así como en aquella ocasión no tenía intenciones de escribir una "ponencia academicista", tampoco tengo intenciones de escribir ahora una "publicación academicista". Creo, cada día con más seguridad, que ciertas normas y prácticas de escritura academicista, como las APA, convierten todo texto en algo horrible e imposible de leer, donde ya no se encuentran párrafos comprensibles con todo el despliegue de la sencillez y belleza del lenguaje y sus diferentes recursos; sino, una lista de apellidos, años y páginas interrumpiendo hasta el hartazgo cualquier posibilidad de una idea. Una obsesión por demostrar que para cada palabra que uno afirma, existe una comunidad científica que la respalda, la cual necesita constantemente la reproducción de su lugar de poder en la circulación académica.

Digo entonces, como primera aclaración, que escribiré en el mejor estilo de la tradición latinoamericana: el ensayo libre. Sin citas ni referencias innecesarias, e intentando reproducir esa presentación oral, con toda la riqueza que tiene la entonación, el ritmo, el silencio y la gestualidad de la expresión oral.

Una segunda aclaración, mucho más espinosa, y que juro me vino a la mente al segundo no más que me hicieron esta invitación, podría ponerla en la siguiente pregunta, ¿Por qué un varón ocupando un lugar en las discusiones sobre los feminismos del sur? La presencia o no, la compañía o no, la enunciación o no, de los varones en las discusiones/ marchas/espacios del feminismo es sin lugar a dudas una pregunta difícil de responder. Intentaré, desde un lugar no-moral, asumir el desafío de pensarla, sin esperar arribar a una posición cerrada sobre ello, sino al inicio de una discusión a la que le debemos tiempo, espacio e importancia.

Pero primero lo primero. Voy a dividir el texto en dos. Por un lado (levantando la mano derecha que traza un círculo en el aire), responderé a lo que me invitaron, tratar de hacer un aporte a los feminismos del sur desde lo que he llamado la deconstrucción intercultural. En según lugar, (mano izquierda haciendo unas "sss" que suben y bajan, ceño medio fruncido, cara de desorientación en complicidad con el público lector) esta otra pregunta sobre el por qué y el para qué de ciertos lugares de enunciación en relación a ciertos temas, que en este caso podríamos resumir en los siguientes términos: varón-feminismos-sur-descolonización-academia-patriarcado. Veremos que sale de esas arenas movedizas.

¿Por qué, para qué y desde dónde aportar a los feminismos del sur?

En las últimas décadas nuestras sociedades se han abierto (finalmente) a la preocupación por dar cuenta, reflexionar y trabajar sobre el carácter pluricultural de nuestra historia y presente. Las universidades (en algunos casos locomotoras y en otros pesados vagones de arrastre) han intentado acompañar y promover encuentros, investigaciones, jornadas, programas y cátedras para reflexionar sobre este carácter complejo y dinámico de nuestro presente pluricultural (y con intenciones de intercultural). Estos procesos han impactado en todos los niveles de la Educación y nos reclaman una responsabilidad a la hora de empezar a pensar cómo enseñar, educar y aprender en contextos pluriculturales. Sea que nuestras sociedades se encuentren constituidas por comunidades indígenas, campesinas, de afrodescendientes; sea que focalicemos en las diversidades y disidencias sexuales, la educación institucional no puede quedarse al margen de esta heterogénea realidad y debe generar procesos de producción de conocimientos y prácticas pedagógicas que nos permitan trabajar con y desde la diferencia.

Cuando empecé a trabajar con la idea de "deconstrucción intercultural", no estaba pensando en la construcción de una categoría, ni una teoría, ni una perspectiva, sino compartir una serie de experiencias y prácticas de enseñanza/aprendizaje que he llamado (a falta de creatividad) "ejercicios de deconstrucción intercultural". La clave no está ni en la deconstrucción ni en la interculturalidad, sino en la palabra ejercicios. Los ejercicios se piensan en base a muy determinados y particulares problemas (casi como ejercicios matemáticos diría).

En mi caso, venía pensando algunos problemas de enseñanza en la Cátedra de Pensamiento Indígena, que traduje a unas preguntas más generales pero que nacen ahí mismo en el día a día de las clases: ¿Cómo interactúa el pensamiento indígena con los conocimientos hegemónicos de nuestras instituciones educativas? ¿Cómo se relacionan (en el aula) conocimientos provenientes de las culturas y pueblos indígenas con la educación normalizada? ¿Cómo se relacionan (en el trabajo de investigación) conocimientos provenientes de las culturas y pueblos indígenas con las prácticas de producción de conocimiento en nuestras universidades? ¿Es posible una interacción entre conocimientos provenientes de matrices culturales diferentes? ¿Cuáles serían las condiciones (mínimas) para esa interacción?

Estas preguntas empezaron a surgir como parte de un autoanálisis de mi propia labor docente en la Cátedra de Pensamiento Indígena[2] y de una serie de problemas que encontraba en el cursado. Ese diagnóstico o autoanálisis me llevó a visibilizar dos **lógicas**, dos maneras en que la carrera de filosofía se relaciona con el pensamiento indígena, y que podríamos hacer extensivo a otras epistemes y conocimientos como los provenientes de los feminismos del sur.

Una de esas lógicas es la de Subalternización Curricular y la otra es la de Exotización curricular. Ambas se suelen presentar juntas, aunque tienen sus diferencias. ¿A qué me refiero con exotización y subalternización curricular? Lo explico, no desde el análisis conceptual sino desde la descripción institucional. En la carrera del Profesorado en Filosofía, y en su plan de estudio, no hay una negación absoluta de los conocimientos de los pueblos indígenas (la inclusión de la materia que dicto es prueba de ello). No obstante, la subalternización se produce cuando se considera/pretende que estos contenidos, conocimientos, experiencias: pueden enseñarse sin que tengan algún efecto o impacto en el resto de los conocimientos que circulan y constituyen la carrera como totalidad.

La constatación de esta PRETENSIÓN, es a mi juicio, y ahí espero llegar en unas líneas, la prueba del carácter más persistentemente colonial y eurocéntrico de nuestras academias. ¿Cómo se plasma esa pretensión, esa subalternización? Bueno, cuando se pretende que se puede enseñar, por ejemplo, una cosmovisión que se sustenta en una férrea critica a la distinción sujeto/objeto, y propone en su lugar una comprensión del mundo en términos de intersubjetividad viva, SIN que nada cambie en el resto de las prácticas de conocimiento, de las temáticas abordadas, de las maneras de trabajar o investigar, en el resto de la formación pedagógica/filosófica de la carrera. ¡Acaso la idea de intersubjetividad viva no plantea una serie de cuestiones fundamentales hacia la concepción del saber en la filosofía moderna, en la ética, en el "sujeto del aprendizaje", en la

---

[2] La cátedra de Pensamiento Indígena y Latinoamericano fue creada e ingresada en el Plan de Estudios del 2011, del Profesorado en Filosofía (1er año) de la Universidad Nacional de Catamarca. Fue fundada e incluida por la lucha y la gestión del Prof. Luis Alberto Reyes, quien fue su titular desde 2011 hasta fines de 2014 año en que yo paso a estar a cargo de la materia.

"educación en contexto", en la filosofía de la educación! Pues para las instituciones que construyen nuestros planes de estudios, parece que no.

Esta subalternización, la he constatado también, en un sostenido diálogo con les estudiantes, quienes me reiteraban una y otra vez la imposibilidad de poner en relación, cualquiera de los temas/autores/categorías vistos en la cátedra de Pensamiento Indígena con el resto de las materias de la carrera. Básicamente, el derrotero consiste en pasar en primer año por ese breve curso de "exotismo de filosofías indígenas", y luego, volver a las racionales, verdaderas, correctas e impolutas tradiciones filosóficas hechas y derechas.

A este tipo de subalternización que consiste en incluir y al mismo tiempo aislar, es decir, reconocer el carácter de subalternidad de ciertas temáticas/autores/filosofías pero sin trastocar la relación de poder/saber que la sitúa en ese lugar de subalternidad, le sigue justamente la exotización. Al no poder entrar en un diálogo teórico o pedagógico en el resto de la carrera, la materia y sus conocimientos, se vuelven una experiencia exótica, sin relaciones de interacción ni diálogo real[3].

Convencido de este diagnóstico, me puse a la tarea de enfrentar esa pregunta pedagógico-político-existencial que me acompaña hace 4 años cada vez que pongo un pie en el aula los martes a la siesta, cada vez que me siento a armar un programa, cada vez que converso con un estudiante:

> ¿Cómo situar el pensamiento indígena fuera de una lógica de subalternización curricular? ¿Cómo hacer para que la asignatura no sea un "momento esotérico" en el plan de estudios de la carrera, una inclusión marginal, un gesto multicultural de la institución, un espacio de recolonización de

---

[3] Frente a este problema, frente a la pregunta por cómo hacer para que las discusiones del pensamiento indígena no quedaran "descartadas" al terminar el cursado de la materia, es que empecé a practicar esos diferentes ejercicios que consistían en tomar algunos conceptos y problemas centrales que atraviesan una buena cantidad de materias de la carrera y ver como se podía entablar una relación con ellos desde las filosofías indígenas. Es decir, acomodé mi programa a los problemas que más se estudiaban en la Carrera (la verdad, el conocimiento, la objetividad y la subjetividad, la temporalidad, la historicidad, la estética, etc.) y sobre cada uno de ellos elaboré una crítica poniendo en juego saberes, teorías, cosmovisiones, perspectivas, experiencias, desde mundos indígenas. Lamentablemente, no podría en este escrito, con el tiempo/espacio que tengo, dar cuenta de la manera en que fueron esos ejercicios, es decir, cómo se dieron en cada clase. La escritura no siempre puede ser la manera de transmitir todas nuestras ideas/experiencias/sentires. A veces, la escritura puede ser el disparador para acercarse a ciertas experiencias, que luego pueden ser profundizadas en talleres, en conversatorios, en cursos o seminarios, en una palabra, de maneras presenciales, con otros tiempos, dinámicas y conexiones.

otros saberes? (Cita: yo en mi diálogo interno, muchas mañanas, tardes y noches entre 2015-2019).

Esta pregunta, fácilmente puede relacionarse y sumarse al diagnóstico mayor sobre la colonialidad del saber y el eurocentrismo en nuestras universidades sobre el que se preguntan Mariana, Inés y Paula –en el capítulo "Mujeres de América Latina: tránsito, tráfico y traducción de saberes" incluido en este apartado–: ¿Cómo conversar en torno a las formas en las que sería posible y deseable descolonizar la Universidad, las prácticas académicas, la gestión de la ciencia y la producción del conocimiento científico, en el marco de un diálogo fronterizo al monólogo monoculturalista norteurocetrado? ¿Cómo encarar un diálogo transdisciplinar que haga puente y priorice procesos de tránsito, tráfico y traducción de saberes, haceres y sentires como compromiso afectivo-político-epistémico en la co-construcción de una pedagogía de la resistencia?

En diferentes niveles y registros de especificidad, sus preguntas son similares a las que yo me venía haciendo en la cátedra de pensamiento indígena y que me llevaron a la propuesta en cuestión de la deconstrucción intercultural: ¿Qué tipo de interacción es viable entre conocimientos diferentes sin caer en lógicas de subalternización y exotización?

Para responder, me dediqué durante unos meses a pensar, averiguar, estudiar y conversar sobre otras experiencias parecidas a las de mi cátedra. Me puse en la tarea, siempre tan maravillosamente pedagógica de historizar nuestros propios problemas. ¿Qué pensaron otros y otras sobre este problema? Esa búsqueda me permitió distinguir dos tipos de interacción contra esta subalternización y exotización que se han dado en épocas distintas y de maneras distintas en nuestras universidades argentinas.

Una lógica de interacción (A) es la que representa mi Cátedra. Se trata sin lugar a dudas de un avance en la democratización curricular, en la "inclusión" de otros saberes, en el reconocimiento de otros sujetos del conocimiento, pero, dejando intacta la pretensión antes señalada. Todo se puede incluir, pero se deja intacto el sentido general de las carreras, la enseñanza y sus concepciones culturales. La opción de interacción que se propone es integrar otros conocimientos, pero segmentados, o si se quiere, encapsulados en espacios específicos. Es decir, hay filosofía indígena en una materia específica en la carrera de filosofía, hay historia indígena en una materia específica en la carrera de Historia, hay una cátedra libre de medicina ancestral en la carrera de medicina, etc.

Por supuesto que esta democratización, en su mayor parte a través de cátedras libres/abiertas/paralelas, representa una historia de lucha absolutamente valiosa que recupera lo mejor de nuestras prácticas docentes, de transformación institucional, de lucha en los espacios hegemónicos, de grandes transformaciones logradas desde espacios mínimos. Recuerdo ahora la experiencia de Claudia Gotta en la UNR, justamente, porque con ella habíamos compartido esa mesa de conversación en el congreso donde expuse estas cuestiones.

Pero lo relevante de esta lógica de interacción es aquello que no cambia, aquello que permanece y persiste más allá de cualquier inclusión de otros conocimientos. Lo fundamental es que, no importa cuántas ni cuales "inclusiones" se hagan, siempre entraran al circuido de subalternización-exotización. Sostengan presente esta idea unos momentos.

Una segunda lógica de interacción (B), sería que los conocimientos que ponen en juego estos "otros" colectivos y sujetos, aparezcan integrados y al mismo tiempo esparcidos en la totalidad del plan de estudio y de los conocimientos puestos en juego por la universidad. Es decir, en filosofía antigua habría una unidad sobre filosofías indígenas, en moderna igual, en ética una unidad sobre intersubjetividad viva, en filosofía del derecho una unidad sobre los derechos de la pachamama, en metafísica una unidad sobre ontologías cósmicas, etc. De este tipo de experiencias no logre encontrar prácticamente ninguna información. Pero al preguntarme porque, logre conectar esa pretensión que antes mencionaba con la negación total de esta posibilidad.

Mi hipótesis ante la ausencia e imposibilidad de esta opción B, es que existe un límite y una resistencia en la Universidad, que más allá de toda inclusión de otros conocimientos, epistemes y sujetos, necesita conservarse. Retomo ahora sí, la idea del párrafo anterior, ¿qué es eso que permanece, que se resiste a la interacción?

Aquí es donde aparece la deconstrucción. Concédanme una definición esquemática, prestada de un libro de Valderrama y De Mussy que dice más o menos lo siguiente: Derrida observará que la garantía de determinación del sentido en toda estructura demanda la afirmación de un centro o núcleo estructural sustraído al juego de las diferencias y los desplazamientos significantes. Este núcleo estructural no podría alterarse sin afectarse seriamente la propia identidad de la estructura. Para Derrida, este núcleo estructural en tanto asegura la identidad de la estructura en el infinito juego de las diferencias, tendría en la presencia, en la presencia a-sí, su núcleo de definición primordial. De este modo el estructuralismo compartirá con la tradición metafísica occidental un común anhelo de presencia.

Bien, traslademos, traduzcamos y trafiquemos esta definición a los fines de las reflexiones que vengo construyendo.

¿Cuál es el núcleo (la presencia a-sí) que sigue operando como garantía de la posibilidad del sentido de la estructura?

(Pausa. Respiración. Repito/relea la pregunta)

Identifico dos aspectos para la respuesta. En primer lugar, lo que en la modernidad fue la "neutralidad" valorativa de las Ciencias, su distancia/objetivamente, aparece hoy como capacidad de "diálogo sin conflicto", de "convivencia en armonía" que propone la cultura académica hegemónica. No importa cuántos "otros" conocimientos integremos e incluyamos en nuestros planes de estudio y en nuestras universidades, siempre persiste, una presencia idéntica a-sí, que permite enunciar discursos pluriculturales e interculturales, pero sin que los mismos afecten-interpelen el núcleo estructural. Esto es así porque el núcleo estructural de sentido, no se fundamenta principalmente en aspectos culturales o epistémicos, sino en una constitutiva asimetría de poder. No se trata del problema de la diferencia sino de la desigualdad. No de las posibilidades epistémicas del diálogo, sino de las condiciones previas, materiales y simbólicas, para ese diálogo. En la lógica de interacción A, lo que nunca se pone en discusión, es la asimetría de poder bajo la cual se incluyen esos otros conocimientos.

Vuelvo sobre la definición derrideana: "el núcleo estructural no podría alterarse sin afectar seriamente (subrayo y remarco seriamente) la propia identidad de la estructura". Es decir, ingresar otros conocimientos a la universidad debería afectar seriamente no sólo la concepción hegemónica del conocimiento (eurocéntrica-moderna-patriarcal), sino las asimetrías de poder que la constituyen. Ahora bien, ¿sucede esto? ¿Estamos disputando las asimetrías de poder? O lo que ocurre en la circulación académica es la inclusión de "otros conocimientos" bajo la condición del borramiento de toda la potencia conflictiva y crítica de esos "otros" conocimientos, para su ingreso al armonioso juego de la interculturalidad y los diálogos de saberes. Para pensarlo en los términos de este libro y esta discusión,

¿Cómo es posible, a quién se lo podría ocurrir que una epistemología feminista no destruya y conmueva los cimientos mismos de nuestras universidades si ellas son esencialmente patriarcales? ¿Cómo es que podríamos "incluir" una ontología de la intersubjetividad viva en nuestras "casas de estudio" sin que el techo, las paredes y las columnas, sufran un fulminante terremoto? ¿Dónde se afinca esa tranquilidad de la academia, esa seguridad de que todo puede ser incluido sin que haya conflicto?

En segundo lugar, y ahora sí vuelvo sobre los aspectos más bien culturales, podríamos decir que en nuestras universidades existe actualmente ese "infinito juego de las diferencias", en el sentido de unos discursos interculturales, pluriculturales de la diferencia que circulan cada vez con mayor frecuencia. Pero, nuevamente, ese juego de diferencias tiene su límite en un núcleo estructural, una presencia, a la cual nos cuesta acceder, nos cuesta criticar y que asume el supuesto de una "cultura común", que opera como condición de que "nuestra propia cultura" es capaz de entablar diálogos con otros conocimientos. No se trata de la vieja disputa de la filosofía del lenguaje sobre la inconmensurabilidad. Creo que se trata, de la no-criticada idea aun, según la cual gracias a una suerte de "humanismo común" es posible la comprensión de toda otra forma de experimentar-comprender-simbolizar-sentir la realidad. Sólo a la universalizante, imperialista, conquistadora, vertical, jerárquica, monolingüe, epistemicida y etnocida cultura occidental, se le podría ocurrir la megalómana pretensión de ser capaz de poder comprender todas las diferencias culturales, las diferentes cosmovisiones, cosmoconvivencias, espiritualidades, ontologías y formas de vida que hay en nuestro inmenso mundo. Solo una tradición griego-europeo-moderna podría ser hija de esta descomunal pretensión sentenciada por uno de los personajes de Publio Terencio "Soy hombre (sic), nada de lo humano me es ajeno". ¿No será mucho?

Chakrabarty, un filósofo e historiador indio al que vuelvo incansablemente una y otra vez, realiza un planteo demoledor contra el pensamiento moderno europeo. Ese planteo parte de una cuestión muy sencilla y vital. Se pregunta, sí en la India la presencia de los dioses es fundamental en la vida cotidiana, ¿cómo podemos entonces tener un pensamiento secular, no religioso, no mágico, sin dioses? Esta no es una pregunta que apunta al problema de la intraducibilidad radical, ni al problema de las categorías universales, esos son falsos problemas que aparecen creado por la naturaleza del propio universal, que pretende funcionar como una construcción general eventual que media entre todos los particulares que haya en juego. Para Chakrabarty, lo que hacen los científicos sociales es construir contextos donde esos dioses pueden ser explicados, por lo tanto, si todos pudiéramos encontrarnos en un mismo contexto de explicación tendríamos los mismos dioses. En otras palabras, creamos los contextos, las categorías y las perspectivas para que en un mismo contexto nos podamos comunicar y traducir. Esto, señala Chakrabarty, garantiza la objetividad de la ciencia histórica que se impone a los particularismos. No obstante, aunque la ciencia significa cierto tipo de identidad en nuestra comprensión del mundo en culturas distintas, Chakrabarty insiste, en que los dioses significan diferencias, por consiguiente, escribir sobre la presencia de dioses y espíritus en el lenguaje secular de la historia, la sociología, la educación o el feminismo, sería como traducir a una lengua universal aquello que pertenece a un terreno de diferencia. Entonces, ¿Es todo traducible? ¿Qué significan las diferencias en la construcción del conocimiento? ¿Todo es posible de ser enseñado? ¿Todas las experiencias son comunicables (cuanto, como, entre quienes)? ¿Puede un conocimiento producto de una determinada cultura, un tiempo, a través de unas prácticas específicas, según unos particulares usos de la lengua, con una propia forma de materialidad, con una particular relación con el cuerpo, con una propia dinámica entre lo colectivo-individual, lo humano y natural, lo religioso y lo secular, ser reproducido de igual manera fuera de ese contexto y esa coyuntura?

(Pausa. Respiración. Levante la vista de la pc y repase el párrafo anterior, aguántese las ganas de acusar todo de esencialismo. No se vaya a los extremos, no polarice las opciones, ni tergiverse los sentidos. Sea un lector/a generoso/a, suponga que estoy pensando en las heterogeneidades, en los grises jaspeados, en los intersticios, y que seguro se me escapa mucho, pero, imagine lo mejor posible de estas preguntas y déjese interpelar por ellas).

El mismo autoanálisis sobre mi labor docente, me llevó de estas preguntas a la hipótesis de que en la concepción epistémico-colonial-patriarcal de nuestras universidades subyace un tipo de universalismo cuya naturaleza ha mutado de: "lo universal donde "x" es válido para todos los casos" (lo que se ha venido criticando desde Nietzsche en adelante); a esta otra versión: los universales tienen la capacidad de construir un contexto de traducción donde todo puede ser explicado e incluido sin conmover los cimientos de un núcleo estructural de sentido. En el contexto del saber hegemónico académico, todo puede ser traducido e incluido, siempre al precio de licuar su capacidad conflictiva[4].

En otras palabras, el conocimiento hegemónico crea los contextos donde podemos ingresar "otros" conocimientos sin trastocar las asimetrías de poder constituyentes de los espacios de producción de conocimientos, ni tener que acercarnos a las especificidades de "otros" mundos de vida.

En esta dirección, las preguntas a las que apunta la crítica de la deconstrucción intercultural podrían ser las siguientes ¿Pueden nuestras universidades interactuar con otras visiones de mundo sin sufrir severas transformaciones que afecten su propia identidad? ¿Dónde afinca la resistencia, la resiliencia para usar un concepto de moda, de nuestra propia cultura hegemónica? ¿Es posible entablar relaciones interculturales en términos epistémicos sin que haya transformaciones profundas en todas las culturas que participan de la interacción? O como lo preguntan las colegas en estas páginas: ¿Desde un sentido crítico de nuestras prácticas docentes académicas por qué no trazar (y sostener) una política de traducción y transformación curricular universitaria en perspectiva crítica latinoamericana?

Creo, tímidamente (levantando los dos hombros al mismo tiempo) que estas preguntas se diferencian, se distancian, de manera en que en las últimas décadas los estudios sobre la otredad y la alteridad en casi todas las disciplinas han alimentado una suerte de obsesión con comprender la cultura "del otro", las maneras políticas "del otro", las formas de entender el cuerpo y la experiencia de "las otras", las maneras de construir afectividad de las "otras", las visiones de mundo de "los otros". Una obsesión, una reactualización del peor legado de la antropología colonizadora, con la cara lavada por supuesto, y llena de "diálogo de saberes", encuentros, intercambios, etc. Son miles las publicaciones y ponencias y congresos donde los/as académicos/as hablan de la educación intercultural en terri-

---

[4] En la Conferencia Internacional Indio-Tiwanaku: Reconstituyendo el Estado del Tawantinsuyu siglo XXI, en 2016, Andres Burman señalaba que "por cada área de lo que podríamos llamar "conocimiento indígena", o por cada argumento basado en otras percepciones de la realidad, o en otra realidad, el conocimiento hegemónico occidental ha desarrollado una manera específica para rechazar su valor.

torio, sea en los campos y montañas, en los márgenes de las ciudades, en los espacios alternativos, no-institucionales, etc. No dudo en que esa, es una labor fundamental en el camino a la interculturalidad, pero son esos mismos académicos/as los que muchas veces, reproducen (reproducimos) todas y cada una de las asimetrías de poder adentro de las Universidades.

Si por cada estudio sobre las formas de enseñanza/aprendizaje en las comunidades campesinas o indígenas, tuviésemos un estudio crítico y descolonizador sobre la violencia de nuestras propias prácticas académicas, de lo que hago yo como parte de una institución moderna, vertical y patriarcal, de lo que hacen mis colegas, de lo que reproducimos como claustro, de lo que no criticamos como naturalizado, de lo que habilitamos o prohibimos por acción u omisión. Si tuviésemos estudios de todas esas formas de autoritarismo docente tan pero tan vigente en nuestras facultades, de los verticalismos institucionales, de las evaluaciones individualistas, etc. etc. etc. Sin duda, habríamos mejorado mucho el terreno para unas futuras universidades interculturales.

(Última pausa, suspiro)

Vuelvo, como el tango que siempre vuelve, a una genial frase de Sapir "los mundos en que viven sociedades diferentes son mundos distintos y no meramente el mismo mundo con diferentes rótulos". Ahí está el develamiento de la metafísica de la presencia, ahí el núcleo estructural intocable, ahí la crítica a la pretensión universalista de traducción de las epistemes modernas. Para el saber eurocéntrico hegemónico que todavía gobierna la mayoría de nuestras universidades, podemos cambiar rótulos y entendernos, sin que nada cambie mucho. Creo, que las filosofías indígenas, tanto como las epistemologías feministas, nos proponen otra cosa, nos proponen y nos desafían a trastocar y atacar ese primigenio núcleo de sentido estructural, esa vigilada y resguardada asimetría de poder, para que las nuevas epistemes no vengan con nuevo rótulos, sino con nuevos mundos diferentes.

Recupero uno de los urgentes objetivos que señalan Mariana, Inés y Paula para quienes difícil sería avanzar en la descolonización de nuestros saberes, prácticas y deseos si no empezamos por nuestras prácticas academicistas y centralistas que valoran, clasifican y producen atendiendo los lugares de pertenencia (N/S, docente/alumno, investigador/becario, universidad/agencia) y las posiciones políticas.

Las reflexiones aquí compartidas han apuntado directamente a ese objetivo. Por eso, remarco que la propuesta de una deconstrucción intercultural no apunta a la comprensión de la cultura de los otros/as, no está pensada como un "comprender otra cultura", sino que el objetivo principal es la deconstrucción de la propia cultura y de los fundamentos epistemológicos que la sostienen. Pero si la deconstrucción es sobre la propia cultura colonial-institucional-patriarcal, ¿por qué "intercultural"?

Porque la crítica se operativiza recurriendo a conceptos provenientes de otras culturas. Esto es lo que Joseph Estermann señaló hace unos años en un curso en Santiago del Estero como "el último giro necesario de las ciencias sociales": el giro intercultural. Se trata de no abogar más por críticas ad-intra-culturales, sino de confrontar el orden instituido de nuestros saberes con la contingencia que aporta la diferencia proveniente de otras matrices culturales. Allí, se encuentra la posibilidad, tal vez, de una apertura epistémica-afectiva-política hacia la interacción, porque, como dice muy sencilla y brillantemente Vera Maria Ferrão Candau, para que el diálogo sea real, es necesario comenzar por visibilizar las causas del no-diálogo.

Este texto, quiere ser una invitación entonces a mirar, no tanto las posibilidades, capacidades, racionalidades, cosmovisiones, afectividades, diferencias sexo-genéricas, diferencias raciales que debemos "reconocer" y "comprender" en "los/as otros/as"; sino de mirar más, reconocer mejor y comprender en mayor profundidad nuestras incapacidades para no-dialogar, para no-comprender, para no-reconocer.

Un día aprendí
un arte secreto,
llamado Invisibilidad.
Creo que funcionaba
Pues aún ahora me mirás
Pero nunca me ves.

¿Por qué un varón ocupando un lugar en las discusiones sobre los feminismos del sur?

Ante la invitación (desafiante y problemática) a escribir y pensar (sentir) en un libro sobre feminismos del sur, sobre la histórica opresión del logo-falo-centrismo (que trasciende y vincula el espacio académico con todos los demás espacios sociales) lo primero que me surge es preguntarme ¿cómo intervenir y relacionarme con el feminismo sin reproducir esas lógicas opresivas? ¿Cómo abrirme a la escucha de unos saberes y unas experiencias provenientes de una historia cotidiana de resistencia, dominación e invisibilización, más allá de la "igualitarista" buena voluntad del intelectualismo políticamente correcto? En otras palabras ¿qué decir, por qué decir, para qué decir?

Lo primero que me surge es una inevitable distancia, una sensación de expulsión del asunto: mejor no decir nada. Pero de alguna manera, ¿no sería eso también, una suerte de complicidad con el mismo sistema de opresión? ¿Hablarle sólo a los varones entonces? O ¿hablar de las masculinidades y no de los feminismos? Preguntas crudas de la época que nos resuenan a cada rato.

No obstante, la invitación es a conversar y reflexionar no sobre "el/los feminismos", para nada. La invitación más bien es a tramar colectivamente, "ajuntar y anudar" lo que algunos investigadores e investigadoras estamos mirando críticamente sobre la conformación de los conocimientos, las epistemes, las disciplinas, la relación saber/poder en las sociedades argentinas y en las academias argentinas. Y en ese mirar, prestar una particular atención a las aperturas y críticas que producen los feminismos, los estudios poscoloniales, las filosofías latinoamericanas, las críticas interculturales y las filosofías indígenas. En esa discusión, existe un locus de enunciación que los varones podemos habitar para repensar nuestras propias posiciones (de privilegio o resistencia) en el entramado patriarcal-capitalista-colonial.

Mi intuición me dice que no sirve de nada si una mirada autobiográfica sobre como yo-hombre-heteronormado-blanco he usufructuado posiciones de privilegio del patriarcado, si esa mirada me lleva a un punto de inmovilización y distancia; mucho menos para desde allí fomentar o justificar una imposibilidad de comprometerse con el tema, una distancia a-política y reproductora. Por el contrario, acepto el desafío de ponerme (intelectual, política y corporalmente) en el problema, de afrontar el desafió y adentrarme (respetuosamente, pacientemente) en el complejo, dolorido, injusto y combativo terreno que los feminismos del sur le disputan al patriarcado colonial-global.

Tráfico y traduzco a mi propia biografía una pregunta que alguna vez le leí a la compañera Mariana Alvarado: ¿Desde dónde puede hablarle un hombre no–negro, sin hijos, heteronormado, intelectual, académico, docente, activista, no-pobre, criado en una sociedad católica-conservadora, a una mujer sea blanca-negra-mestiza-india, activista o no, pobre o rica, feminista o no?

Intento empezar a habitar ese interrogante repensando la misma idea de lugar de enunciación que Mariana, Inés y Paula ponen en juego: "Asumimos que descolonizar el conocimiento significa descender del punto cero y hacer evidente el lugar desde el cual se produce ese conocimiento, es decir el lugar desde donde nos medimos, o dicho de otro modo, visibilizar nuestro *locus* de enunciación, nuestra posición de sujeta".

Una definición tradicional dice que lugar de enunciación refiere a la "construcción de subjetividad ligada a la memoria socio-cultural, es decir a la historia local, sin dejar de tener en cuenta la incidencia de la historia personal y las experiencias vitales de cada enunciador individual". Buena parte de la utilización crítica de esta idea apunta a señalar qué pasa cuando esa memoria socio-cultural ha sido constituida en la trama del colonialismo, el patriarcado y el capital-racial. Por tanto, *el lugar de enunciación viene a intentar* desentrañar, poner de relieve, visibilizar, la herencia local como una historia colonial-patriarcal-racial y desde ahí ver cómo nos construimos como sujetos del conocer, decir y hacer.

Ahora bien, me parece que en el uso extendido y ya cotidiano de la expresión/categoría/noción, la idea de *"lugar"* des-orienta a una compresión sólo *espacial* del término. Pero no es sólo eso, no es sólo las determinaciones geográficas, como no es tampoco sólo la ubicación en un sistema de sexo-género, como no es tampoco la ubicación en una clasificación racializada de la sociedad, como no es sólo una posición de clase económica. El lugar de enunciación no es solamente una determinada posición en un complejo sistema de relaciones de poder. El lugar de enunciación, es también la manera en como reinscribimos todas esas determinantes en una memoria afectiva[5]. Apunta también, a dar cuenta,

---

[5] Me pregunto en voz alta ¿podemos pensar el lugar de enunciación de manera dinámica, que tiene plasticidad, que puede ampliarse y reducirse, que puede variar de

de una inscripción histórica entendida en términos de una memoria que se reconstruye y reafirma cada vez que se enuncia, y que al mismo tiempo, como es afectiva, corporal (eminentemente política) no puede agotarse en su sola enunciación: necesariamente tiene que vincularse con prácticas que responden a esa memoria afectiva. En este sentido, el lugar de enunciación refiere siempre a un proceso inacabado y dinámico.

Sin enredar (me) mucho la cosa, pienso que se puede tejer un vínculo entre esta idea del lugar de enunciación como memoria afectiva (pasado) y nuestras posiciones en los espacios y prácticas de lucha que habitamos cotidianamente (presente).

Reescribo entonces mi propia pregunta del inicio, ya no se trata de cómo hablarle o hablar con el feminismo siendo varón, sino preguntarse, ¿A través de que prácticas cotidianas puede un varón inscribirse en la memoria afectiva de las luchas feministas para despatriarcalizar la sociedad en disputa?[6] Esta es una pregunta, que no puede responderse sin una escucha de las mujeres. Es una pregunta que implica la escucha parà poder ser respondida. No digo que sea una pregunta que nos garantice prácticas despatriarcales, o prácticas feministas. Pero si, es una pregunta que abre la posibilidad de un encuentro conflictivo entre prácticas actuales y memorias de lucha. Un encuentro donde las respuestas van a marcar (nos guste o no) muchos de los sentidos patriarcales, raciales, extractivistas, que permean y atraviesan nuestras prácticas académicas, afectivas, cotidianas, políticas.

Es decir, es una pregunta, parecida a la de la deconstrucción intercultural. ¿Cuáles son nuestras incapacidades para el no-diálogo? ¿Cuáles son los gestos que nos alejan de la escucha del feminismo? Lamentablemente, las prácticas de los varones, nos dan una larga lista de respuestas a esta pregunta.

(Hace frío en la habitación, la mano del mouse se me congela. Prendo la salamandra, doy unas vueltas por la montaña buscando leña, le compro un pan casero al vecino, vuelvo a la computadora)

contenido y puede vincularse a distintas memorias históricas en relación a luchas contemporáneas?

[6] ¿A través de qué prácticas cotidianas puede un docente/investigador realizar la crítica de los aparatos productores y legitimadores del saber hegemónico y recuperar unas epistemes otras que lo disputen? ¿A través de qué prácticas cotidianas, de que compromisos ético-políticos, puede un citadino-blanco-criollo comprometerse con las luchas territoriales de los pueblos y naciones indígenas de Latinoamérica?

Me miro en los ojos que otros me ven. No puedo negar mi genealogía blanca, mis propias "semejanzas-coloniales", mi lengua, mi habla y mi acento –distintos-, mi color de piel, mis recursos socio-económicos, mi posición en un sistema clasista, racista y sexual; todo eso, implica que no puedo "gratuitamente" hablar desde un mismo lugar de enunciación que otros y otras aunque luchamos por las mismas causas. De ahí que el lugar de enunciación se vuelva un gesto de crítica-biográfica/colectiva. ¿Qué transformaciones sobre mis prácticas me debo, para que mi genealogía, responda a una memoria afectiva crítica, para que me vincule a esas otras y otros en la comprensión de sus luchas?

Tengo una nota pegada en una agenda hace un tiempo largo, es de una ponencia del "II Coloquio internacional educación superior y pueblos indígenas en América Latina. Contextos, experiencias y desafíos", dice más o menos así, "desde el ámbito de la memoria, fueron recurrentes las referencias a la necesidad de visibilizar la historia y los saberes de los pueblos negados, particularmente en Argentina, pero en general en toda Latinoamérica. El trabajo de la reconstrucción de la memoria tiene ahí dos dimensiones: una interna y una externa. La primera refiere a la reflexión necesaria dentro de los pueblos indígenas y la reconstrucción de la memoria de opresión y violencia vivenciada para desde ella re-posicionarse como sujetos dignos. La segunda implica a la sociedad en general que tiene la necesidad de repensar su propio papel en la historia colonial de nuestros países. El trabajo que desde la articulación Educación Superior y Pueblos Indígenas se puede realizar en torno de la reconstrucción de la memoria es fundamental para la reconstrucción de la sociedad en general".

¿Se podría decir que hay una memoria interna sobre la que trabajan las mujeres, con todas las especificidades de su experiencia e historia corporal, y hay una dimensión externa de esa memoria desde y donde participamos "la sociedad en general"?

Esta distinción no es ninguna receta para resolver ningún problema. Es, en la más sincera afirmación, una pregunta para pensar una posición dentro de la cual encontrar una manera de trabajar respetuosa y legítimamente desde distintas memorias afectivas[7]. Por ello, al cuestionar

---

[7] En mi caso, hace algunos años me he empezado a vincular con cierto grado de compromiso ético-político con las memorias afectivas de los pueblos indígenas y sus luchas. En ellas, aprendo, ensayo, me equivoco, vuelvo a intentar, siempre en la escucha abierta y sincera. Con el cuidado de no reproducir voluntarismos ingenuos ni solidaridades irreales.

mi lugar de enunciación, tal vez no pretendo avanzar sobre la memoria interna del feminismo, pero sí, posicionarme y discutir sobre lo que sus memorias externas nos plantean al resto de la sociedad. En sistemas tan grandes de opresión como el patriarcado o el capitalismo, esta distinción me permite volver desde otro lugar sobre nuestras biografías/colectivas, ¿Qué sentidos (patriarcales-raciales-coloniales) de la cotidianidad permite visibilizar críticamente mi lugar de enunciación, mis espacios colectivos de activismo, mis planteos epistémico-políticos, mis prácticas pedagógicas en el aula? Esta pregunta habilita un lugar legítimo de enunciación, para que tanto varones como mujeres podamos preguntar cómo nos vinculamos con las luchas del presente, cómo intentamos no reproducir las violencias del patriarcado, el colonialismo, el extractivismo; y de qué maneras buscamos transformarlas.

Lecturas sugeridas para acompañar estas reflexiones:

-*Al margen de Europa. Pensamiento poscolonial y diferencia histórica*, de Dipesh Chakrabarty.

-*Historiografía postmoderna* de Luis G. de Mussy y Miguel Valderrama.

- *Lugares de enunciación inestables* de Silvia Tieffemberg.

-*Colonialismo y representación. Hacia una re-lectura del latinoamericanismo, indigenismo y de los discursos clase-etnia en los andes del Siglo XX* de Armando Muyolema-Calle.

-*Indios Muertos, Negros Invisibles. Hegemonía, Identidad y Añoranza* de José Luis Grosso.

-*Sobre colonialismo interno y Subjetividad. Notas para un debate* de Laura Catelli y Alejandro De Oto.

-*Las ideas feministas en América Latina y Feminismos desde Abya Yala*, ambos de Francesca Gargallo.

-*Filosofía andina. Sabiduría indígena para un nuevo mundo* de Josep Estermann

-*Pensamiento PACHA*, compilado por Pachakuti Aqarapi Wanka.

-*Qhapaq Ñam, El camino Inka de la Sabiduría* de Javier Lajo.

-*Suma Qamaña. La comprensión indígena de la buena vida*, compilado por Javier Medina.

-*Pedagogías decoloniales. Prácticas insurgentes de resistir, (re) existir y (re) vivir*, editado por Catherine Walsh.

-*El pensamiento indígena en América* de Luis Alberto Reyes.

-*Wopukarü jatumi wataawai: El camino hacia nuestro propio saber* de José Ángel Quintero Wair.

-*Abandonando el género. Masculinidades mutantes hacia una afectividad radical,* resultado de distintos encuentros de un Colectivo de varones anónimo.

Andares asintóticos desde los feminismos del sur

Mariana Alvarado / Mariana Guerra Pérez [1]

La crítica feminista poscolonial, cuya figura central ha sido Gayatri Spivak (1999), alertó tempranamente que en la discusión sobre subjetividad/modernidad/colonialidad se debía ver el carácter doblemente subalterno de las mujeres en sociedades que sufrieron el colonialismo. En ese contexto y con las articulaciones del giro decolonial, el feminismo decolonial se proclamó "revisionista de la teoría y la propuesta del feminismo dado lo que considera su sesgo occidental, blanco y burgués" (Espinosa Miñoso, 2016: 150) y reflexionó sobre las epistemologías feministas previas, observando las premisas sobre las que se han sostenido verdades que explicarían el por qué de la opresión basada en el sistema moderno colonial de género (Lugones, 2008) y la heterosexualidad como régimen político (Wittig, 2006). En este sentido, el revisionismo del feminismo decolonial denuncia la producción teórica del feminismo occidental puesto que encubre la heterogeneidad de las mujeres indo-afro-latinoamericanas en cuanto sujetos reales, materiales, con experiencias propias e historias colectivas. Chandra Talpade Mohanty en su *Under Western Eyes: Feminist Scholarship and Colonial Discourses* (1984) lo desarrolla al referirse a lo producido por los discursos hegemónicos de occidente sobre las *third world women* como categoría de análisis que refiere a un sujeto monolítico, universal, homogéneo, abstracto. La trampa analítica que efectúan estos discursos silencia las experiencias de las mujeres y niega

[1] Mariana Alvarado (1976, Mendoza) feminista académica investigadora adjunta INCIHUSA CCT-Mendoza. E-mail: elotro4to@gmail.com
Mariana Guerra Pérez (1987, San Juan-Argentina / practicante de una filosofía feminista- CONICET-UNSJ/). Correo: mariananoelguerra@gmail.com

sus devenires por sustentar la "evidencia" de universalidad y validez de ciertos constructos teóricos como "mujeres del tercer mundo", "mujeres tercermundistas" o "mujeres de occidente".

Por otro lado, es preciso señalar que la filosofía latinoamericana lidia con miradas euronortecentradas y androcéntricas. Incluso el movimiento crítico de la historia de las ideas en Argentina y en América se ha desplegado en su mayoría con rostros masculinos (Alvarado, 2010). Entre muchas preguntas aparece la idea de desobediencia epistémica que refiere a la sujeto (*Cfr.* De Lauretis, 2002) que enuncia el discurso y derrumba el armazón de sumisión del mundo tal cual ha sido producido e impuesto por la modernidad occidental euronortecentrada. La pregunta por la significación epistemológica de la sujeto cognoscente aparece en *What can she know* de la mano de Lorraine Code (1991) acogiendo en esa desobediencia que el conocimiento y las prácticas son siempre "situadas" (Haraway, 1991). Aquí es particularmente importante el debate entre epistemólogas feministas blancas y feministas negras, lesbianas y de color que ha permitido visibilizar la interconexión entre estructuras de dominación en particular y la relación entre la mirada androcéntrica, el racismo, la modernidad y la colonialidad (Espinosa Miñoso, 2014; Harding, 1987; Moraga y Anzaldúa, 1981; Collins, 2002).

Las mujeres latinoamericanas ocupamos un espacio entre países hegemónicos y poscoloniales. Incluso en la teoría feminista donde predominan las categorías euro-estadounidenses que hacen referencia a las olas (*Cfr.* Amorós 1997 y Castells 1996) sería posible sostener que el feminismo latinoamericano ocupa un espacio entre el feminismo occidental y el poscolonial (*Cfr.* Cumes, 2014; Femenías, 2006). Explicar la construcción de devenires de mujeres de *Nuestra América* como emergentes de un andar asintótico entre las preocupaciones fundamentales del feminismo latinoamericano desde su propio desarrollo y los paradigmas importados de otras regiones del mundo requiere de la visibilización de las experiencias de las mujeres en América Latina. La vida de las mujeres, las diferentes vidas de las mujeres en América Latina pueden ser el punto de partida para preguntas no formuladas acerca no sólo de esas mujeres sino también de las vidas que quieren/pueden/desean/esperan ser vividas desde las marcas de las intersecciones de raza, clase, religión, etnia, sexo-género, sexualidad, etarias y generacionales.

Advertimos la ausencia de referencias a escritos y pensadoras feministas procedentes de América Latina y del Caribe en el archivo latinoamericano que se configura en los debates que cruzan modernidad/colonialidad. Los rostros allí nombrados refieren a pensadores hombres latinoamericanos, blancos y mestizos, letrados, heterosexuales, propietarios. Frente a cierta marginalidad y silenciamiento en la academia de las producciones de feministas latinoamericanas, nos proponemos la tarea de señalar las potencialidades de la región y las producciones que en esta parte del mundo circulan, evidenciando además las luchas de las mujeres indígenas, comunitarias, ecofeministas, disidentes, afrodescendientes y afroamericanas, caribeñas.

Tanto desde el ámbito académico como desde el movimiento mismo estas producciones -en registros alternativos- son consideradas (como) sistematizaciones de prácticas (feministas) no aptas como discurso científico ni legitimadas para la circulación en ámbitos institucionales. Esta situación palpable en nuestras latitudes visibiliza la relación poder-conocimiento y el binarismo teoría/activismo señalado por algunas feministas de la disidencia. mariam pessah[2] en su "¿Es posible dejar de ser activista?" (2016) tensiona el "hacer versus el pensar, ergo, ser activista correspondería a la primera columna y ser/estar en la academia, a la segunda" a partir de su experiencia en la colectiva *Mulheres Rebeldes* siente: "al estar en ambos lados, hacer ambas cosas, me preguntaba si sería posible hacer sin pensar". val flores refiere "Con los excrementos de la luz" a la metáfora lumínica de la racionalidad moderna-colonial, cuya claridad, distinción y transparencia se expresa en la metódica cartesiana, como modos de conocimiento y normalidad "que provocan sus propias ignorancias, porque más que ocultar, lo que hacen es naturalizar e inhibir ciertas posibilidades de visión, percepción e interpretación de los cuerpos, que no es ni más ni menos que nuestra capacidad de habitabilidad del mundo" (flores, 2019: 141). La historiadora de las ideas de mujeres Francesca Gargallo en su "Intentando acercarme a una racionalidad narrativa" entiende que "la historia de las mujeres, que se ha desarrollado a partir de la afirmación política de las mujeres en el siglo XX, mezcle la historia narrativa con las historias comparativa y reflexiva" (Gargallo, 2003) puesto que la teoría política feminista conecta la acción práctica y

[2] mariam pessah y val flores -escritoras activistas feministas- comparten la obsesión paralingüística de escribir sus nombres en minúsculas.

las ideas que de ella se derivan en la narrativa; la historia de las mujeres podría contarse en el modo en el que las ideas se generan en diálogo y las formas en las que las feministas hacen del cuarto propio una plaza pública que promueva, facilite y sostenga ese diálogo. Contamos sólo las formas de resistencias con las que con-sentimos; es imposible contar una rebeldía por/con anuencia. Contar es un gesto político encarnado que produce conocimiento toda vez que se deja cuestionar y responde a lo inesperado.

Entre la teoría y la práctica, el pensamiento y el conocimiento, la opinión y la ciencia, la militancia y el activismo, lo normal y lo patológico y la división de clase, sexo, género, sexualidad y raza, Julieta Paredes, feminista indigenista boliviana -en su "Las trampas de la academia"- devela las pretensiones de una racionalidad extractivista que se presenta a la manera de una vanguardia intelectual ilustrada e iluminadora que arrebata a los pueblos y sus organizaciones la producción de acción y reflexión política que animan las luchas en las que ponen el cuerpo.

> "Si bien el hecho mismo de autodenominarse intelectual o denominar intelectuales a cierto tipo de personas con actividades específicas, es una arbitrariedad, podemos decir que no es otra cosa que hacerse cómplices de la división capitalista del trabajo, división que lo que busca es separar los grupos de personas trabajadoras, poseedoras y constructoras de conocimientos y habilidades y clasificarlas, para aislar unos de otros, para que no puedan tejer alianzas y luchas conjuntas. Esta acción se remonta mucho más atrás que el capitalismo, desde el feminismo comunitario decimos que la división o asignación misma de determinados trabajos a las mujeres y la valoración social de los mismos, son la base de estas acciones clasificatorias. Esa división clasificatoria del trabajo tiene el objetivo de usufructuar y acumular más y mejor, en favor del grupo de personas que se favorecen de este sistema de dominación y explotación."
> (Paredes, 2016: 2)

Contamos con narrativas y testimonios que configuran ensayos feministas de nuestras mujeres del sur expresados, en parte, como saberes ancestrales y visibilizados en los feminismos indígenas y comunitarios. Puesto que el "diálogo entre la mestiza, la eurosudamericana, la mujer indígena y la mujer negra muestra aún rezagos de una dialéctica de poder donde la interlocutora cultural dominante (la mestiza identificada con la cosmología europea que niega lo indígena y lo africano, o la posición epistémica de la eurosudamericana) y el interlocutor subalterno siguen operando" (Mendoza, 2010: 35) descolonizar los feminismos requiere un movimiento que propicie la superación del binarismo teoría-práctica, el desfondamiento del sujeto euronortecentrado, la interrupción del monólogo falogocentrado y la intervención en la homologación de las mujeres en la mujer y en la producción de subalternidad que el feminismo del norte sostiene e invisibiliza.

Frente a la distancia y la descorporización propiciada por la racionalidad moderna occidental colonial patriarcal, como feministas decoloniales, transitamos las posibilidades de disminuir las lejanías, propiciar el acercamiento, corporizar la pregunta, contaminar(nos) entre saberes. Una-junta-a-la-otra (Alvarado, 2016) en un aprender a estar cerca de las otras en la diferencia colonial. Nos iniciamos en las huellas de un recorrido en (d)el que aprenderemos a renunciar a nuestro hábito epistemológico de borrar las diferencias. Corrernos del mito de la mujer naturalizado, esencializado como universal para aprender acerca de otras que también resisten y, situarnos con ellas en un *locus* fracturado (Lugones, 2011) que narra historias de resistencia, de rebeldías, de subversiones, de saberes, sentires y quehaceres.

Resistimos a la colonialidad del género una-junta-a-la-otra inmersas en mundo/s compartimentados no lo hacemos aisladamente ni en silencio. Hacemos con otras, en diálogo comunalidad:

> El paso de boca en boca, de mano a mano de prácticas, valores creencias, ontologías, espacio-tiempos y cosmologías, todos vividos, la constituyen a una. La producción de lo cotidiano dentro del cual una existe produce el sí-misma de una a medida que suministra vestido, alimentos, economías y ecologías, gestos, ritmos, hábitats y sentidos de espacio y tiempo particulares, significativos (Lugones, 2011: 116).

¿Cómo acortamos la distancia? ¿Cómo ampliamos la escucha? ¿Cómo nos acercamos? ¿Cómo corporizamos preguntas intransferibles en las que (nos) reconocemos (en) la diferencia colonial? ¿Cómo aprendemos una-junta-a-la-otra sin apelar a las estrategias del patriarcado cotidiano? ¿Estar junto a la otra es estar con la otra? ¿Cómo nos cruzamos en la huella, en el camino trazado entre quiénes? ¿Cómo devenir punto y fuga de ese andar asintótico? ¿En qué tiempos, entre qué vínculos, con qué gentes, a cuento de qué amorosidades la pregunta por la mujer blanca heteronormada joven y bonita se desvanece? ¿Cómo nos involucramos en las tensiones entre la identidad y la igualdad para reconocernos en la diferencia colonial? ¿Cómo sabemos que estamos haciéndolo entre nosotras? ¿Entre quiénes nosotras? Nos proponemos con este escrito un primer movimiento hacia un estar juntas entre nosotras para hacer audible y aprender en la diferencia colonial.

Avanzamos hacia el encuentro de las materialidades, concreciones, la territorialidad de la diferencia de lo latinoamericano en nuestra región, tomamos contacto con diferentes voces de distintos tiempos en la misma región: *Las remedieras de Malargüe* (Agüero Blanch, 1968), *Sabores de la Tierra* (Warmis Pushkadoras, 2017), *Las remedieras del desierto* (Rodríguez, Rodriguez, 2011).

Hacia 1968 ingresan a la academia "Las remedieras de Malargüe" desde el sur, entre Argentina y Chile, de la mano de un señor, intelectual, blanco, letrado, portador del poder de nombrar, de dar existencia a quienes registraba. Vicente Orlando Agüero Blanch fue encargado del registro civil volante en Malargüe en la década de 1945 a 1955. "Las remedieras" es una investigación antropológica que da cuenta de saberes y prácticas de cuidados en torno a la salud. Nos acercamos a ella desde un análisis del discurso que asume un punto de vista en clave pragmático (Saint André, 2006) y feminista desde las intersecciones de raza-clase-género-sexualidad (Espinosa, 2014) atentas a su co-constitucionalidad (Lugones, 2008; Guerra Pérez, 2018) y co-sustancialidad (Curiel, 2014b). De este modo, observamos en este escrito como se construyen discursivamente las mujeres, a saber las remedieras por un lado y las consultantes por otro. Así, la figura de la machi deviene en remediera, Agüero entiende que este cambio y el uso de esta última categoría denota cierta afectividad pero que la actividad sigue siendo la misma. Plantear el cambio de un modo de llamar a quien ejecuta estas acciones de cuidado es asumir un corrimiento de punto de vista y de saberes debido a que machi viene del mapuche y responde a una cosmovisión que puede desplazarse o no con la categoría (o figura) de remediera. Esta última es "venerada por todos los pobladores. Es mejor mirada, por las distintas clases sociales, que el médico con título universitario" (Agüero Blanch, 1968: 5). Esta afirmación visibiliza dos campos de conocimientos sobre la salud en vínculo con instituciones y el sistema sexo-género, es decir, por un lado, el saber de la academia en manos de los varones[3] y, por el otro, el ancestral de las

---

[3] Contamos con antecedentes de mujeres médicas en Argentina hacia fines del XIX y principios del XX Cecilia Griermson, también Julieta Lanteri, quien además fue la

mujeres. "Remedieras: psicoterapeutas, hechiceras. Curan el cuerpo: con brebaje y friegas; y el alma con su aureola de prestigio y su influencia personal" (Agüero Blanch, 1968: 6). La división sexual del trabajo actuando en las remedieras como cuidadoras de la salud de la comunidad.

La remediera aparece en tensión con el médico occidental, esto muestra una disputa de ciertos dominios de poder y saber en las relaciones comunales del sur. En esta disputa las prácticas de las remedieras son controladas por los médicos por si llevan a cabo alguna cirugía. Si son "descubiertas" estos pueden pedir coima -dinero o animales- o iniciar una denuncia para privarlas de su libertad. Es la vigilancia, el control y la exposición de un saber que está fuera del *canon* y que no se considera legítimo ni autorizado. En la voz de Agüero son las mujeres las que hieren al cuerpo y los hombres quienes las denuncian en busca de disciplinarlas.

La comunidad privilegia el trabajo de la remediera para no dejarse afectar por prácticas que pueden ser entendidas desde un registro colonial sobre sus cuerpos, allí se expresa la resistencia de la comunidad. Aún así, es posible visibilizar las diferentes operaciones de la racionalidad moderna colonial patriarcal en las relaciones comunales y los modos de abordajes de las enfermedades.

El goce sexual es considerado como dolencia que perturba la moral con la "Enfermedá 'e guagua", es decir el parto. Al respecto la voz de Agüero exclama que "la mujer recibe su paga de sufrimiento por un instante de placer" (1968:6). Esta afirmación cristaliza la moralización de la sexualidad, que a su vez es heteronormada, en un castigo por haber obtenido cierto gozo. Vemos en este caso cómo operan ciertas creencias religiosas patriarcales.

También Agüero referencia que la blenorragia (gonorrea) es transmitida por las "mujeres de vida licenciosa". La modalidad con la que enuncia expone que son las mujeres las que poseen la enfermedad e infectan a los varones, semantiza a las trabajadoras sexuales como sucias-enfermas y desvincula a estos de su responsabilidad sanitaria; sancionando así la posibilidad de escindir reproducción de goce sexual.

Además, este señor da cuenta de aquellas enfermedades que tienen que ver con las relaciones vinculares heteronormadas en la institución del matrimonio. Por ejemplo, que la mujer llegue soltera a los 27 años de edad

---

primera mujer en votar. Estas dos mujeres fundaron la Asociación de universitarias argentinas.

remite a un problema y debe buscarse la "cura de la soltería" acudiendo a un "gualicho de amor"; la que sufre la enfermedad son las mujeres y son los varones quienes hacen el gualicho aunque ellos no adolecen en edad madura el padecimiento de las mujeres. Por otro lado, las mujeres también pueden asistir a las remedieras por la infidelidad de su marido. Esta práctica da cuenta que el tipo de vínculo sobre el que se constituye la comunidad es el de las relaciones monogámicas, exclusivas y heterosexuales, donde el matrimonio no es opción sino destino. En correspondencia con esto la investigación plantea la maternidad obligatoria y subraya la condición estéril de las mujeres pero no la de los varones. De este modo, se genera una carga simbólica y moral violenta pues son despreciadas por la comunidad y su familia al considerar que traen "desgracias e infertilidad en el ganado". Además se establece una analogía entre la mula y la mujer estéril enunciando que toma los comportamientos del animal por infértil. La cura consiste en que la mujer quede embarazada. La condición para devenir humana no-animal es que la mujer sea fértil si no será apenas animal-mula, híbrida, mulánima[4] o almamula.

Asimismo damos cuenta que el uso de algunos antídotos o prácticas de curación se asientan en la matriz patriarcal; la cura de las cataratas nos permite visibilizar un argumento biologicista y heteronormativo, pues señala Don Agüero que: para las cataratas en necesario la leche de una mujer que esté amamantando a un niño y no a una niña porque la de esta última es débil.

---

[4] La creencia en la mulánima conlleva connotaciones complejas para la mujer transgresora sancionada por el incumplimiento de las normas de la comunidad referidas a prácticas sexuales. Desde diversas narrativas populares andinas se comparte de boca en boca la creencia en la existencia de condenadas que no pueden descansar debido a alguna falta cometida y regresan al mundo de los vivos para encontrar su liberación. Las llamadas almamulas se originan en la metamorfosis sufrida por mujeres que no quisieron tener hijos pudiendo tener descendencia o bien de mujeres que tuvieron relaciones sexuales con hijos, hermanos, padres, compadres o sacerdotes; condenada, adquiere apariencia monstruosa antes o después de muerta. La concepción andina concibe a los difuntos como parte de la vida y de los ciclos. La mulánima asumirá estrategias diversas en busca de quien pueda liberarla según la metamorfosis se haya producido en vida u ocurrida su muerte. La transgresión cometida puede ser saldada puesto que la condena es transitoria. No habría versión de castigo eterno que impida su liberación en manos de aquel varón pueda quitarle el freno que carga. La reciprocidad entre vivos y difuntos lleva a un miembro de la comunidad a arriesgar su vida para salvar a la condenada. Al respecto pueden consultarse los trabajos de Maria Luisa Rubinelli (2014 y 2017) sobre narrativas populares andinas.

Agüero Blanch muestra cómo tratar el eczema u otra afección de la piel por medio de la aplicación de placenta fresca o seca. Este es un remedio al que acceden mujeres de clases sociales acomodadas, debido a que por diversos motivos las mujeres no ceden su placenta. Luego, señala "Se comenta que hubo casos en los que personas pudientes emplearon, ex-profeso, sirvientas embarazadas para después, haciendo valer su autoridad de patrones, ordenarles les entregaran tan preciado remedio" (Agüero Blanch, 1968:18). Esta expresión demuestra los modos de opresión a los que eran sometidas las mujeres pobres con capacidad de gestar y con una sexualidad impuesta; utilizadas como fuerza de trabajo y al mismo tiempo como "proveedoras" del botiquín, un extractivismo de las cuerpas.

A propósito de lo expuesto nos quedamos pensando en la juntura entre las remedieras y las consultantes, una-ayuda-a-la-otra con sus co-nocimientos a intentar curar "la enfermedad", que no es otra cosa que un castigo sociomoral y disciplinador que debe pagar para ser aceptada por su comunidad. Pero además las formas de entender la salud y la enferme-dad tienen que ver con las narrativas de los pueblos y sus significancias, en la relación con el cosmos. Si bien, no hay una forma de resistencia al patriarcado, estrictamente hablando, consideramos que es un gesto en el que las mujeres hacen mella al sistema de dominación.

En este andar asintótico abre paso la ruta de Eva y Laura Rodríguez Agüero que levantan la voz sobre la huella de las remedieras del desier-to; encontramos un punto donde el camino se abre y fugamos, tomadas de las manos de las warmis pushkadoras, entre el cocinar y el hilar. *Las remedieras del desierto* dan continuidad a la investigación iniciada por Agüero Blanch pero en otro orden de género discursivo, el documental que juega en los registros de lo sensible. Allí los rostros y manos de las hechiceras herederas cuentan sus saberes y la transmisión oral de ellos en tanto ritual. Las lunas, las (in)fusiones de hierbas, brebajes y oraciones son el eje de sus prácticas para disipar los males del cuerpo y el alma pero son prácticas que se pueden ejecutar gracias a la (re)unión, al encuentro con la otra. Sin esas otras no hay transmisión de los saberes, una sujeto puede ser poseedora del conocimiento y saber cómo se cura tal afección pero si se muere eso se agota, de ahí deviene la necesidad de conectar con otra sujeto para transmitir y poder seguir curando en estas tramas de la medicina andina; que el encuentro y el saber sean continuados responde a una decisión epistémica y también política.

Las warmis pushkadoras, hilanderas[5] y cocineras, mujeres portadoras de saberes indígenas quechuas y aymaras migrantes de Bolivia que con-viven en el Ayllu de Guaymallén, Mendoza, escriben colectivamente *Sabores de la Tierra* en articulación con la Asociación Ecuménica de Cuyo y la 8va convocatoria a los Proyectos Mauricio López de la UNCuyo. Las trabajadoras mujeres migrantes se reúnen junto a sus familias para hacer memoria de saberes andinos.

En cuanto apertura a la colonialidad para (des)encontrarse en la diferencia colonial el *Ayllu* es el espacio-tiempo en el que-hacer comunidad aquí-ahora, es decir en Guaymallén Mendoza pero también es un espacio tiempo otro. En esos territorios-temporalidades confluye la memoria de los *Ayllu* en los que sus ancestros plantaron y enraizaron formas de vida antes de la colonización de los cuerpos-territorios y, la memoria reciente desde la que los pueblos originarios situados y condicionados por las fronteras entre la exclusión, la desigualdad y la pobreza en la que se debate lo urbano, lo rural y lo comunitario, disputan el legado, trazan-traman alianzas y resistencias (*Cfr.* Paredes, 2016).

Entre encuentro y protección, cuidado y acompañamiento las mujeres trabajadoras del *Ayllu* de Guaymallén conversan como hijas y nietas descendientes de pueblos andinos las posibilidades para el autoconocimiento identitario como indígenas y la autoafirmación colectiva como migrantes. Memorias vivas en construcción recuperan en diálogo saberes ancestrales, de técnicas, diseños y símbolos en/desde la práctica. El *Sumaj Kawsay* como forma de vida se practica en-entre el *Allin Yachay*, el *Allin Ruay*, el *Ayni* y el *AyllinMunay*; nuestras palabras nos permiten acceder a estas dimensiones de la vida como "saber bien" y "aprender bien"; "hacer bien" o "hacer laboriosamente"; "ayudarse mutuamente" o "trabajar colectivamente"; "querer bien" o "munayniyoj". El *Maki purarina* y el *yanaparina* se habitan en el *Ayllu* de Guaymallén como *Ayni* entre las manos de quienes colaboran, la ayuda mutua en actividades como la cocina y el tejido.

Nos encontramos con Mariana una tarde de mayo, aún caen algunas gotas de aquel temporal que pasó por Mendoza y no vivencié, estaba en viaje desde San Juan. Nos íbamos a reunir con las *Warmis Puschkadoras* del *Ayllu* de Guaymallén. En articulación con la Dirección de Acción Social y la Secretaría de Bienestar Universitario (UNCuyo) junto a Carla Rosales -parte del equipo y a la cabeza del programa de Becas para Pueblos

[5] https://www.youtube.com/watch?v=-LtA2DR3X_k

Originarios y Escuelas Rurales- habíamos gestionado una actividad cine-debate sobre las *Remedieras del desierto* (Rodríguez, 2011); iba a ser un encuentro de-entre mujeres para el que hicimos las consultas y solicitamos los permisos al Ayllu; pero la pachamama nos sorprendió y se canceló, el *Ayllu* y la zona dónde viven las warmis se inundan. Esta contingencia asume diversas dimensiones. Por un lado, las condiciones materiales de existencia que afecta las vidas de las mujeres y sus hijas/os/es. Otra, ronda en torno a cuestiones epistémicas pues las voces y la experiencia del encuentro quedan suspendidas, el silencio se vuelve fundante (Orlandi Pulcinelli, 1997). Así con el cielo despejado y cayendo algunas gotas de las copas de los árboles decidimos (des)encontrarnos en la lectura de las *Remedieras de Malargüe* (Aguero Blanch, 1968).

Bibliografía

Agüero Blanch, Vicente (1968). *Las remedieras de Malargüe*. Dirección General de Publicaciones.

Alvarado, Mariana (2016). Epistemologías feministas latinoamericanas: un cruce en el camino junto-a-otras pero no-junta-a-todas. *Religación. Revista de Ciencias Sociales y Humanidades*, (3), pp. 9-32.

Alvarado, Mariana (2010). Contrabandistas entre testigos sospechosos y autómatas parlantes. *Revista Sul-Americana de Filosofia e Educação (RESAFE)*, (14), pp. 53-65.

Amorós, Celia (1997). *Tiempo de feminismo*. Madrid: Cátedra.

Castells, Carme (1996). *Perspectivas feministas en teoría política*. Barcelona: Paidos Ibérica.

Code, Lorreine (1991). *What can she know?: feminist theory and the construction of knowledge*. New York: Cornell University Press.

Cumes, Aura (2014). "Esencialismos estratégicos y discursos de descolonización". En: Millán, Márgara (ed.) *Más allá del feminismo. Caminos para andar* (pp. 61-86). México: Red de feminismos descoloniales.

Curriel, Ochy y Galindo, María (2015). *Feminista siempre. Descolonización y despatriarcalización de y desde los feminismos de Abya Yala*. España, ACSUR-Las Segovias, Mujeres Creando. Recuperado de: https://suds.cat/wp-content/uploads/2016/01/Descolonizacion-y-despatriarcalizacion.pdf

Curiel, Ochy (2014a). "Construyendo metodologías feministas desde el feminismo" decolonial. En: Irantzu Mendia Azkue, Marta Luxán, Matxalen Legarreta, Gloria Guzmán, Iker Zirion, Jokin Azpiazu Carballo (eds.) *Otras formas* de (re)conocer. *Reflexiones, herramientas y aplicaciones desde la investigación feminista* (pp. 45-60). Lejona: Universidad del País Vasco.

Curiel, Ochy (2014b). *Género, raza, sexualidad: debates contemporáneos*. Colombia: Universidad del Rosario. Disponible en http://www.urosario.edu. co/urosario_files/1f/1f1d1951-0f7e-43ff-819f-dd05e5fed03c.pdf

Curiel, Ochy (Junio de 2009). "Descolonizando el feminismo: una perspectiva desde América Latina y el Caribe". Ponencia presentada en el *Primer Coloquio Latinoamericano sobre Praxis y Pensamiento Feminista*. Buenos Aires: organizado por el grupo Latinoamericano de Estudios, Formación y Acción Feminista ("GLEFAS) y el Instituto de Género de la Universidad de Buenos Aires.

De Lauretis, Teresita (2002). "Difference embodied: Reflections on Black skin, white masks". *Parallax*, 8(2), pp. 54-68.

Espinosa Miñoso, Yuderkys (2016). "De por qué es necesario un feminismo descolonial: diferenciación, dominación co-constitutiva de la modernidad occidental y el fin de la política de identidad". *Solar 12* (1), pp. 141-171. DOI.10.20939/solar.2016.12.0109

Espinosa Miñoso, Yuderkys (2014). "Una crítica descolonial a la epistemología feminista crítica". *Revista El Cotidiano* (184), pp. 7-12. Disponible en http://www.redalyc.org/articulo.oa?id=32530724004

Femenías, María Luisa (2006). *Feminismos de París a la Plata*. Buenos Aires: Catálogos.

flores, val (2019). "Con los excrementos de la luz" en *Feminismos del sur. Boletín del GEC*. (23), pp. 139-147.

Gargallo, Francesca (2003). Intentando acercarme a una racionalidad narrativa. *Revista Intersticios. Filosofía, arte, religión* 8 (19).

Guerra Pérez, Mariana (2018). "Notas "para una metodología de investigación feminista decolonial. Vinculaciones epistemológicas". *Religación. Revista de Ciencias Sociales y Humanidades*, (3), pp. 90-101.

Haraway, Donna (1991). *Simians, cyborgs, and women*. Abingdon: Routledge.

Harding, Sandra (ed.) (1987). *Feminism and methodology: Social science issues*. Indiana: Indiana University Press.

Hill Collins, Patricia (2002 [1990]). *Black Feminist Thought: Knowledge, Consciousness and the Politics of Empowerment*. London: Routledge.

Lugones, María (2011). "Hacia un feminismo descolonial". *La manzana de la discordia*, 6, (2), pp. 105-119.

Lugones, María (2008). "Colonialidad y Género: hacia un feminismo descolonial". En: Mignolo, W. (comp.). *Género y Descolonialidad*. (pp.13-54). Buenos Aires: Del signo.

Mendoza, Breny (2010). La epistemología del sur, la colonialidad del género y el feminismo latinoamericano. En Espinosa Miñoso, Yuderkys (coord.) *Aproximaciones críticas a las prácticas teórico-políticas del feminismo latinoamericano*, (pp. 19-36). Buenos Aires: en la frontera.

Millán, Márgara (2014). "Alcances políticos-ontológicos de los feminismos indígenas" en: Millán, Margara (coord.) *Más allá del feminismo: caminos para andar*. México, Red Feminismos Decoloniales.

Mohanty, Chandra Talpade (1984). Under Western eyes: Feminist scholarship and colonial discourses. *Boundary 2*, (12), pp.333-358.

Moraga, Cherríe, & Anzaldúa, Gloria (eds.). (2015 [1981]). *This bridge called my back: Writings by radical women of color.*(4 a ed.) Albany, New York: SUNY Press.

Orlandi, Eni. (2011 [2007]) *As Formas do Silencio: no movimiento dos sentidos.* (6ta ed). Campinas: Editora Unicamp.

Paredes, Julieta (2016). "Las trampas de la academia. A propósito de la reflexión sobre Feminismo Comunitario, Comunidad y Comunalidad". (Inédito)

pessah, mariam (2016) ¿Es posible dejar de ser activista? (Inédito)

Rodríguez Eva y Rodríguez Laura (2011) *Las remedieras del desierto.* https://www.youtube.com/watch?v=l2OkvGDeJM4

Rubinelli, María Luisa (2014) *Relatos populares andinos. Expresión de conflictos.* Buenos Aires: Biblos.

Rubinelli, María Luisa (2017). "Expresiones narrativas de subjetividades sociales diversas en el noroeste andino argentino" en: Hist. R. Goiania. Vol 22, n°3.

Saint-André, Estela (2006). *Contar el cuento latinoamericano contemporáneo.* San Juan: Effha.

Spivak, Gayatri Chandra (1999). *A critique of postcolonial reason.* Cambridge: Harvard university press.

Warmis Pushkadoras (2017) *Sabores de la tierra.* Mendoza: UNCuyo.

Wittig, Monique (2006 [1992]). El pensamiento heterosexual. En *El pensamiento heterosexual y otros ensayos*, (pp.45-57). Madrid: Ed. EGALES.

Zapata Silva, Claudia (2018). "El giro decolonial. Consideraciones críticas desde América Latina". *Pléyade* (21) pp. 49-71. De autoras, autores, autor*s

De autoras, autores, autor*s

Mariana Alvarado doctora en filosofía por la FFyL (UNCuyo) investigadora adjunta en el grupo de Filosofía Práctica e Historia de las Ideas, con lugar de trabajo en el INCIHUSA CCT Mendoza CONICET Argentina; situada en el pensamiento latinoamericano explora las ideas, sentires y quehaceres de mujeres de *Nuestra América* y el Caribe para visibilizar epistemologías feministas del sur y pedagogías alternativas.

Claudia Anzorena activista feminista por la salud y derechos sexuales y reproductivos; integrante de La Malona colectiva feminista y de la Campaña Nacional por el Derecho al Aborto Legal, Seguro y Gratuito de Argentina. Actualmente se desempeña como investigadora en el CONICET, en el Grupo Estudios de Género y Teoría Crítica (INCIHUSA-CONICET, CCT, Mendoza). Es doctora en Ciencias Sociales (FCS-UBA), Magíster en Política y Gestión de la Educación (UNLuján), especialista en género y políticas públicas (PRIGGEP – FLACSO) y Licenciada en Sociología (FCPyS- UNCuyo).

Enjambradas Espacio lúdico de lectura y escritura de nuestros feminismos del Sur del Sur. Integrado por Amanda "Mandy" Gómez, Alejandra Celi, Cecilia Magdalena Malnis y Romina Barboza.

Federico Cabrera Profesor de Letras (UNSJ), Magíster en Estudios Latinoamericanos (UNCuyo) y estudiante de Doctorado en Letras (UNT). Docente de Literatura Hispanoamericana II y Métodos de investigación y crítica literaria en la Universidad Nacional de San Juan. Becario doctoral de CONICET.

Paula Caldo ISHIR/UNR-CONICET. Doctora en Historia y Licenciada en Ciencias de la Educación. Investiga en la línea de historia con mujeres en perspectiva de género.

Juliana Enrico Doctora en Ciencias de la Educación. Investigadora de CONICET (CEA FCS UNC) y Docente (ECE FfyH UNC). Su tema de investigación actual se denomina "Transformaciones contemporáneas en el espacio educativo-cultural argentino: articulaciones entre nuevos lenguajes, nuevas políticas y nuevas subjetividades históricas". Integrante del Proyecto del PICT "Feminismos del sur. Experiencias y narrativas contemporáneas en la frontera academia /activismos" (2017-2019) Agencia Nacional de Promoción Científica y Tecnológica.

Valeria Fernández Hasan Comunicadora, feminista, miembra de la Red PAR (periodistas de Argentina en red por una comunicación no sexista) y de Ni Una Menos Mendoza. Investigadora en el CONICET, trabaja en el Grupo Estudios de Género y Teoría Crítica (INCIHUSA-CONICET, CCT, Mendoza) y es docente en la UNCuyo. Doctora en Ciencias Sociales, Magister en Sociología y Ciencia Política y especialista en Género y Políticas Públicas.

Natalia Fischetti Investigadora asistente de CONICET Argentina, con lugar de trabajo en el INCIHUSA. CCT-CONICET Mendoza. Doctora en Filosofía (UNCórdoba), Magister en Metodología de la Investigación Científica (UNLanús) y Profesora en Filosofía (UNCuyo). Es docente de posgrado de cursos de epistemología y metodología de la investigación. Indaga con los feminismos en alternativas y ampliaciones teórico-metodológicas al disciplinamiento y la normalización en la producción de saberes en Latinoamérica.

Manuel Fontenla Docente e investigador en la Universidad Nacional de Catamarca. Integra el Grupo de Filosofía Latinoamericana de la UNC. Tesista doctoral en epistemologías para el estudio de historias y filosofías indígenas/indias. Participa de varios espacios de militancia-activismo focalizado en las áreas de comunicación de la Cumbre Latinoamericana del Agua para los Pueblos y de la Asamblea PUCARA (Pueblos Catamarqueños en Autodeterminación y Resistencia).

Soledad Gil Comunicadora, feminista y mamá de Franco . Actualmente investigadora del CONICET y docente de la UNCuyo. Sus preocupaciones siempre han girado en torno a la discriminación, las desigualdades de género, las violencias patriarcales vinculadas con el lenguaje, las construcciones discursivas y los sentidos sociales. En otro orden, escribe, estudia astrología y ama la radio.

Fabiana Grasselli Feminista, integrante de La Malona colectiva feminista y de la Campaña Nacional por el Derecho al Aborto Legal, Seguro y Gratuito de Argentina. Actualmente se desempeña como investigadora del CONICET en el Grupo Estudios de Género y Teoría Crítica (INCIHUSA-CONICET, CCT, Mendoza) y es docente en la UNCuyo. Doctora en Ciencias Sociales, Profesora de Enseñanza Media y Superior en Letras y Licenciada en Letras.

Amanda Gómez Historiadora, abocada al estudio de la historia de las ideas desde una historiografía feminista. Adscripta a la cátedra de Historia de las ideas Políticas y Sociales en América y Argentina, FFyL-UNCuyo. Activista/militante feminista y disidente en organizaciones partidarias y sociales de Mendoza desde el 2009.

Mariana Guerra Pérez Practicante de una filosofía feminista- CONICET-UNSJ

Agustina Mosso Licenciada en Ciencias de la Educación, Becaria de Conicet ISHIR/UNR-CONICET Doctoranda en Estudios de Género (UBA).

Inés Fernández Moujan Profesora e investigadora de la UNRN. Doctora en Ciencias de la Educación por la UBA. Investiga la obra de Paulo Freire, las marcas de Frantz Fanon y las teorías críticas periféricas. Forma parte de la Cátedra Abierta Paulo Freire (UNMdP) y del Centro Investigación y Estudios en Teoría Poscolonial (UNR).

Paula Ramírez Profesora e investigadora de la Universidad Nacional del Comahue, sede Bariloche, e integrante del Espacio de Articulación Mapuche y Construcción Política. La interculturalidad crítica y decolonial, en clave de ontología política, es el campo de confluencia de su activismo político y docente.

Consejo evaluador externo

Adriana Barrionuevo FFyH – CIFFyH UNC
Dahiana Belfiori Escritora feminista
María Marta Quintana IIDyPCa - CONICET/UNRN
Paula Morales CONICET/CEA.UNC
María Luisa Rubinelli FHCS - UNJ
Susana Tarantuviez CONICET/UNCuyo
Andrea Torrano CIECS - CONICET

Impreso por TREINTADIEZ S. A. en 2020
Pringles 521 (C1183 AEI)
Ciudad Autónoma de Buenos Aires
Teléfonos: 4864-3297 / 4862-6794
editorial@treintadiez.com

www.ingramcontent.com/pod-product-compliance
Lightning Source LLC
Chambersburg PA
CBHW060050260726
48658CB00004B/1251